老實生活

阿含經的幸福之道

釋法源 著

自序

筆者身為漢傳佛教的出家法師，主要以大乘佛教經論為學習重點；由於在法鼓山僧伽大學任教，受邀擔任阿含教理課程的講師，因而重新認識《阿含經》是大、小乘佛教修行的共同基礎，對個人的修行也有重要的指導意義。《阿含經》採取佛陀與弟子對話的體裁，以清晰、簡潔的方式記錄了四聖諦、八正道和緣起法等基本教義，為修行者提供了方向和指引。《阿含經》保留了最核心的佛教教義，包括四聖諦、八正道和十二因緣等重要內容，這些都是修行者開展修行的重要架構。《阿含經》強調觀察無常、苦與無我，幫助修行者從中培養出禪定與智慧。

「四聖諦」是佛教的基本教法，為原始佛教、部派佛教、初期大乘佛教、後期大乘佛教乃至密乘佛教，以及現代佛教各宗派共同的基本教理。《阿含經》的修道次第，可以說是大、小乘諸經中，最為明確和詳盡的。

「八正道」是修行得解脫的主要道路；其中「正念」、「正定」、「正智」三核心，則是能夠離苦得樂，最重要的修道次第。解脫不是遠離生活，而是在生活中覺醒，開啟智慧必須在生活中歷事練心。

世間的苦受、樂受、不苦不樂受都是苦本，最終都將導致苦惱。世間追求縱欲奢侈的樂受，若得到刺激滿足後，內心會增加欲望，或感受到失落無聊。若得不到滿足或過度縱欲，則會變為苦受，內心會感受煩悶躁動。然而，若採取苦行貧困的生活，身心都接觸到不舒服的苦受，內心也會感受到煩悶躁動。由此可知，縱欲奢侈或苦行貧困的生活，最後帶來的都是苦受；只有簡單而平靜的生活，才能帶來內在的喜悅與快樂。靠著禪定與智慧的力量，可以幫助我們突破許多生活上的障礙，讓我們活得輕鬆、活得安好，活得有意義！

《阿含經》對於現代人來說，不僅是通往內心寧靜和智慧的指引，也是生活中實踐佛法的重要參考。現代人處身科技時代，面對資本主義消費至上的社會，需要運用《阿含經》的智慧，幫助自己少欲知足，以環保生活共建幸福的人間淨土。

《阿含經》對於簡單生活具有深刻的啟示，因為它強調清淨心與簡樸精神的價值，並教導如何從欲望中解脫，以獲得真正的平靜與滿足。《阿含經》多次提到「少欲知足」，鼓勵修行者減少對物質的過度追求，透過知足來感受當下的幸福。強調無常與緣起法則，提醒我們世間萬物皆是暫時的，不應過於執著於外在的擁有或成就。《阿含經》指導修行者注重內觀與心靈的淨化，例如透過四念處的修行來提昇專注力與智慧，從而擺脫浮躁和煩惱。

簡單生活往往與尊重自然有關，《阿含經》的智慧也提醒我們要保持對生命與環境的尊重與珍惜。教導修行者拋開繁瑣，回歸生命的本質，專注於提昇自我道德與智慧，遠離無謂的干擾。《阿含經》的這些教導與現代提倡的簡樸生活理念不謀而合，對現代人追求更平靜、純粹的生活具有很大的啟發。

想要建設人間淨土，先要有和樂富饒的社會環境為背景，《阿含經》對當代社會的永續發展具有重要的啟示。當今的世界，全球經濟動盪起伏、社會持續分裂對立，環境持續破壞失衡，矛盾愈來愈大，《阿含經》的中道智慧，以及八正道的簡單生活態度，能夠對世界的永續發展提供助益。佛法的慈悲和平等的精神，尊重生命和自然、促進社會公平、引導永續生活的經濟發展，不只是個人生活的幸福之道，也是世界發展的幸福之道。

目錄

表目錄

圖目錄

前言

《阿含經》是最重要的原始佛教經典，我們雖然無法生值佛世，卻可以透過閱讀《阿含經》，而宛如隨著五百大阿羅漢，一起圍坐佛旁聽法。質樸簡要的法義，能直接觸動我們的心，喚醒內在的覺性。解脫自在，不再遙不可及。

解脫生死煩惱，是所有佛弟子的修行目標，《阿含經》提供了什麼樣的解脫妙法呢？《阿含經》是聲聞乘及菩薩乘佛教的共同根本經典；小乘解脫道的目標在於「自求解脫」，讓自己能解脫，而大乘菩薩道的目標則在於「自他解脫」，讓自己及他人都能解脫，共同點在於能得到解脫。要得解脫並證入涅槃，就必須以智慧力來斷煩惱，要有智慧就必須有禪定，要有禪定就必須要持戒，因而形成戒、定、慧三學的修道次第。這種修道次第是通於小乘佛法及大乘佛法的，是最重要的修行基礎，《阿含經》為我們提供了最簡單直截的解脫道。

《阿含經》是一種言行錄體裁的經藏，記載了佛陀和他的弟子們的言行和教義，還涉及古代印度社會風俗等內容。《阿含經》分為四部：《長阿含經》、《中阿含經》、《雜阿含經》和《增壹阿含經》。漢譯的《阿含經》於西元四至五世紀譯出，與南傳佛教的巴利文《尼柯耶》經典有對應關係。《阿含經》述及佛教的基本教義，如四聖諦、四念處、八正道、十二因緣、十二分教、無常、無我、五蘊、四禪、四證淨（四不壞信）、輪迴、善惡報應等論點。《阿含經》為印度部派佛教時代的各部派所宗，是研究佛陀解脫教義和印度古代社會風俗的重要資料。

《阿含經》最早在西元三八四年傳入中國，成為漢傳佛教各宗各派的根本經典，也是大、小乘佛法的共同基礎。本書深入淺出介紹《阿含經》的傳譯歷程、內容架構，阿含教理的核心思想，以及解脫修行的妙法。

〈第一篇〉

《阿含經》簡介

一、《阿含經》的傳譯

《阿含經》的「阿含」是什麼意思呢？阿含的梵文是 āgama，音譯為「阿含」或名「阿笈摩」，在梵文及巴利文中，有「展轉傳來」的傳授、傳承意思，意為諸佛輾轉傳來的解脫方法，如《瑜伽師地論》卷八十五記載：「如是四種，師弟展轉傳來于今；由此道理，是故說名阿笈摩。」東晉僧肇法師在〈長阿含經序〉中，解釋為「法歸」，意為諸法的匯集與回歸。《翻譯名義集》則把「阿含」譯為「無比法」或「教」，意思是「法之最上者也」。

《阿含經》的基本內容，在佛教經典第一次結集時（西元前五百年）已經被確定；到了部派佛教時代，被各個派別做系統化的整理；大約西元前一世紀以文字的方式記錄下來。佛陀涅槃後，大迦葉尊者在王舍城外的七葉窟，主持了經典的首次結集，會誦了經藏與律藏兩部分。經藏記錄了佛陀及弟子們的言教行跡，主要就是《阿含經》。律藏則記錄了僧團所制訂的出家戒律，包含比丘戒及比丘尼戒等。

經藏依據文字長短和內容特點，而分為四部阿含：《長阿含經》、《中阿含經》、《雜阿含經》、《增壹阿含經》。《阿含經》可分北傳佛教和南傳佛教兩個系統，向北傳入中國被翻譯成漢文四部《阿含經》：《長阿含經》、《中阿含經》、《雜阿含經》、《增壹阿含經》，而向南傳則以巴利文為形式，成為五部《尼柯耶》：《長部》、《中部》、《相應部》、《增支部》、《小部》。

（一）宣講緣起

佛陀成道後，到鹿野苑為五比丘講解離苦得樂的教理，就是「四聖諦」——苦聖諦、苦集聖諦（集聖諦）、苦滅聖諦（滅聖諦）、苦滅道跡聖諦（道聖諦）。現實人生有生老病死苦、怨憎會苦、愛別離苦、求不得苦、五蘊熾盛苦，此八苦總括為五取蘊之苦，這是世間苦迫不圓滿的真相，是為「苦聖諦」；痛苦逼迫的形成原因，在於貪欲、瞋恚、愚癡等煩惱執著，稱為「苦集聖諦」；煩惱執著以及生死苦迫，是可以滅除的，就是「苦滅聖諦」；滅除生死苦迫要有方法，就是修學中道智慧，必須學習「苦滅道跡聖諦」。聽聞、思惟此四聖諦，必導致開啟智慧之眼；聽聞、思惟四聖諦之後，當修、當證，當證、當成就。佛陀為五比丘講說「四聖諦」，五位比丘中的憍陳如尊者，當下遠塵離垢，得法眼清淨，證入果位。

佛陀在世的時代，充斥著縱情欲樂，屬於低下的凡夫行為；而無意義的苦行，也並非聖道，縱欲及苦行二者，都是極端的二邊，都不應當偏執。離開這兩個極端，有一個朝向究竟解脫的中道，那就是「正見、正志（正思惟）、正語、正業、正命、正方便（正精進）、正念、正定」的「八正道」，只有修學中道智慧，才能證得解脫涅槃。佛陀的經教，根據不同的對象，應機施教、應病與藥。對於急於解脫的弟子，則教導《阿含經》以對治煩惱，修學解脫道，從生死輪迴中，將自己解脫出來。對於愛好空智的弟子，則教導《般若經》以破除煩惱，修學菩薩道，度一切眾生都得解脫。但是，有些小乘行者執著涅槃解脫，不願行菩薩道。有些執空的方廣道人，執著頑空斷見，雖行菩薩道，卻容易誤導他人。所以，不論小乘解脫道或大乘菩薩道，都必須以《阿含經》做為共同的基礎。

佛陀圓寂之後，大迦葉尊者在葉波國聞佛滅而返回王舍城，在摩竭陀國阿闍世王的支持下，遴選五百名證阿羅漢的比丘，在王舍城七葉窟，進行歷史上第一次的經典結集，史稱「五百結集」。佛陀所說的經教（又稱修多羅），由弟子阿難誦出，結集成經藏；僧團所制訂的戒律（又稱毘奈耶），由優婆離尊者誦出，結集成律藏。第一次經典結集時，已確定了《阿含經》的基本內容。佛滅百年後的阿育王時期，在毘舍離進行第二次經典結集，一共有七百位比丘參加，史稱「七百結集」。《長阿含經》、《中阿含經》、《雜阿含經》、《增壹阿含經》四部阿含的形式正式集成，並經過陸續系統性地整理，《阿含經》也成為後來部派分化的「部派佛教時期」的主要經典。

（二）經文傳譯

《阿含經》傳入中國的北傳佛教，分為《長阿含經》、《中阿含經》、《雜阿含經》和《增壹阿含經》等四部。而《阿含經》在南傳佛教，則分為五部，分別是《長部》、《中部》、《相應部》、《增支部》、《小部》。北傳與南傳的前四部大體相當，但經文數目、排列順序以至部分內容都互有差異。

北傳漢譯《長阿含經》二十二卷，分四部分，分別敘述有關佛陀、教行、與外道論難及世界成敗之說；《中阿含經》六十卷，二百二十二經，說四諦、十二因緣及佛陀與弟子們的言行；《雜阿含經》五十卷，收錄佛陀與弟子對禪修的問答，以及較為簡短的經教；《增壹阿含經》五十一卷，從一法而至十一法，宣說法數，故名「增壹」。

阿含部類在漢地譯出，始於東漢明帝時的《四十二章經》編譯，陸續有《阿含經》中的單品被單獨翻譯出來。而整部《阿含經》的漢譯，大約在西元四至五世紀才問世。

從漢譯的時間先後順序來看，《中阿含經》最先於西元三八四年（苻秦建元二十年），在長安城，由兜佉勒國沙門曇摩難提誦出，竺佛念傳譯，慧嵩筆錄，共譯出五十九卷，現已散佚。到了西元三九八年（東晉隆安二年），在建康城，由罽賓沙門僧伽羅叉宣講胡本，瞿曇僧伽提婆傳譯，道慈筆受，譯出六十卷。此版本為現存本，據經錄記載六十卷本與五十九卷本內容有些不同。

《增壹阿含經》同於西元三八四年，在長安城，也由兜佉勒國沙門曇摩難提誦出，竺佛念傳譯，慧嵩筆錄，共譯出四十一卷。另外，在西元三九八年，由瞿曇僧伽提婆譯出五十一卷版本，該本與四十一卷本小異，此說最早出於《歷代三寶紀》，而為唐代以後經錄所承襲。

西元四一三年（後秦弘始十五年），《長阿含經》由罽賓沙門佛陀耶舍於長安城誦出，竺佛念傳譯，道含筆錄。西元四三五年（劉宋元嘉十二年），《雜阿含經》則是天竺沙門求那跋陀羅至楊都時，於住祇洹寺的期間誦出，由寶雲傳譯，慧觀筆錄。另有二十卷本《別譯雜阿含經》，譯者失傳，譯出的時間可能早於五十卷本。

北傳佛教現存漢譯的《長阿含經》，共計二十二卷三十經，與南傳佛教巴利文五部《尼柯耶》中的《長部》三十四經，內容大致相當，僅《增一經》、《三聚經》、《世記經》三經，為南傳《長部》所未見，然二者之順序則完全不同。

關於《長阿含經》的「長」字意義，有不同的理解，根據《四分律》卷五十四、《五分律》卷三十、《瑜伽師地論》卷八十五等文獻記載，是以長經的總集，故有此名；《薩婆多毘尼毘婆沙》卷一載，破諸外道，是為「長阿含」；《分別功德論》卷一則謂，長者乃說久遠之事，意即歷劫而不絕的本末源由。

北傳漢譯的《中阿含經》與南傳巴利文《中部》的內容相當。漢譯《中阿含經》推定為說一切有部的誦本，計有十八品，共二百二十二經，遠多於巴利文《中部》的一百五十二經；不過，大多可在其餘的巴利經藏中，找出相對應的經文。兩者有〈王相應品〉、〈梵志品〉、〈根本分別品〉與〈雙品〉等四品的品名相同，不過經文內容不盡相同，顯示在共通來源的基礎上，不同部派的傳誦者，對經文的次序、位置有所調整。本經較諸其他《阿含經》，內容不長不短，故名「中阿含」。

漢譯的《雜阿含經》現存一千三百五十九經，後代認為是說一切有部的誦本。而與之相對應的巴利文《相應部》，則為分別說系赤銅鍱部中的誦本，然二者在內容上有相當數量的對應經文和相似經文，大約有八百八十三經有對照關係，約占三分之二強。而漢譯的《別譯雜阿含經》，則與巴利文《相應部》的〈有偈品〉等相當。

《雜阿含經》之經名，初期譯為「雜阿笈摩」（取其「聚集」、「相配合」、「短小細碎」，或「次第相間雜」之義），即如《瑜伽師地論》卷八十五所記載：「一切事相應教，間廁鳩集，是故說名《雜阿笈摩》。」而在後期，也有將《雜阿含經》譯為「相應阿笈摩」（取其「同類相應」之義），與巴利藏《相應部》取名相同。

漢譯的《增壹阿含經》，一般認為可能是大眾部誦本。分別說部系赤銅鍱部中的對應誦本，則名為《增支部》。現存漢譯《增壹阿含經》有五十一卷，五十二品四百七十二經。從第一經到第四百四十六經，大多是從一法、二法、三法增至十一法，其中僅有一百三十五經與巴利文《增支部》對應，不足三分之一，其餘勘同巴利文《長部》的約二經，同於《中部》的約三十三經，同於《相應部》的約四十六經。

另外，漢傳阿含部類的雜藏，相當於巴利文《小部》，它並沒有被整體的譯出，而是分散譯出的，例如：《法句經》、《義足經》、《本事經》、《興起行經》等。漢譯四部《阿含經》與巴利文五部《尼柯耶》的對照關係，整理為表一。

《長阿含經》大多收錄內容較長的經文，包括佛陀的本生故事及事蹟。如《大本緣經》說七佛本緣壽量眷屬法會弟子、降生入胎、出家成道，乃至涅槃等緣。《遊行經》的內容，則說佛將涅槃，遊行化度，乃至入滅，分布舍利事。另外，本經詳細敘述佛教修行及教義的內容，如《大緣方便經》，

表一：漢譯《阿含經》與巴利文《尼柯耶》的對照

漢譯四部《阿含經》	巴利文五部《尼柯耶》	特色
《長阿含經》共二十二卷三十經（法藏部所傳）	《長部》共三十四經	破諸外道
《中阿含經》共六十卷二二二經（說一切有部某派所傳）	《中部》共一五二經	學問者所習
《雜阿含經》共五十卷，今存四十八卷一三五九經（根本說一切有部所傳） 《別譯雜阿含經》共二十卷，今存十六卷三六四經（所傳部派未有定論）選集	《相應部》共五十六相應二八七五經	坐禪人所習
《增壹阿含經》共五十一卷四七二經（可能為大眾部末派所傳）	《增支部》共一法乃至十一法	勸化人所習
雜藏：《法句經》、《義足經》、《本事經》、《興起行經》等	《小部》共十五部	法義偈頌 業緣故事

佛為阿難說十二因緣、四諦、八正道等。本經也對當時佛教以外的很多宗教，對其教義與哲學思想提出批判，並歸納為當代所盛行的六十二種邪見。如《阿摩晝經》，外道使弟子觀佛、佛為調伏、說外道邪偽、佛法真正、佛弟子明行具足。於《梵動經》，佛說甚深微妙大法光明、說諸六十二邪見。《薩婆多毘尼毘婆沙》則記載本經側重在迴轉外道改宗佛教，一般認為本經具有「破諸外道」的特色。

《中阿含經》是內容篇幅中等的聖教集，敘述佛陀及諸弟子所說教義為主，也包含有佛陀對弟子、異學、王者、居士的教誡。本經具有阿毘達磨的論議風範，重於律治，重於僧伽的清淨和合，互相教誡策勵，依法懺悔出罪。另外，本經重於對法義的分別、類集與論究，對空義之闡發，因果業報之分別，都有詳細的說明，具有方便「學問者所習」的特色。如《例經》中佛陀告訴諸比丘，若欲斷無明者當修四念處、四正斷、四如意足等菩提分法。乃至《箭喻經》中佛陀為鬘童子說，佛法於不著邊際、無助於解脫的論題不加深究等。《薩婆多毘尼毘婆沙》提到「為利根眾生說諸深義，名中阿含，是學問者所習」，具有適合「學問者所習」的特色。

《雜阿含經》乃佛陀在世時對弟子所說的重要教理，以「五蘊」、「六入處」、「十八界」為禪觀「三科」，對「緣起」、「四聖諦」的闡釋，了知一切法是「無常」、「苦」、「空」、「無我」，從禪定增上智慧，以空性智慧消融煩惱，而獲得究竟的解脫。本經包含七誦：五陰誦、六處誦、雜因誦、道品誦、弟子所說誦、佛所說誦、八眾誦，以及五十一相應，都是禪定止觀修學的所緣業處。《薩婆多毘尼毘婆沙》提到《雜阿含經》是禪修的經典，以適合「坐禪人所習」為特色。

《增壹阿含經》的主要特點是法數順序分類輯成，「增壹」之意，將佛陀聖教按「法數」逐次增一，一直到第十一法，以便記憶傳布。本經也編入了眾多的譬喻，像是如來苦行成佛、降魔、度五比丘、化三迦葉、舍利弗和目犍連的入滅等。在漢譯本《增壹阿含經》中，含有菩薩道以及他方佛土思想，並提倡對於佛經的書寫、供養，以及佛像的造作，具有諸多大乘風格之特色。根據《薩婆多毘尼毘婆沙》記載，本經是佛陀為諸天、世人隨時說法，總集而成，具有「勸化人所習」的特色。

從佛教的歷史發展來看，佛陀圓寂後，進入「部派佛教」時期，長達五百餘年，雖然因戒律持守以及教義理解的看法不一，而分裂成不同派別，各部派仍以四部《阿含經》為根本經典，維持著弘揚佛陀解脫道的同一整體。西元一世紀進入「初期大乘佛教」時期，除了開始著重大乘菩薩道的教理與經典，也以四部《阿含經》為重要基礎。因為，菩薩道的目標在度化一切眾生能證得解脫，必須要有解脫的能力，《阿含經》就成了小乘解脫道與大乘菩薩道的共同基礎。

佛教傳入中國以後，《阿含經》是漢傳佛教最重要的漢譯經典之一，受到各宗派的重視。唐宋以後，隨著圓頓簡約思想的發展，《阿含經》具有嚴謹次第步驟的教理，有逐漸被忽視的趨勢。如果我們對歷代祖師的修行過程，加以深入探究，可以知道歷代祖師仍然遵循《阿含經》的解脫次第，最終才能開悟見性。祖師語錄大多記載見性的悟境，給後人增加信心，就不再贅述修學的過程。

當今的時代，我們想要開悟解脫，就先要學習《長阿含經》的正確知見，才能見道悟道。想要放鬆減壓，就要了解《中阿含經》苦、集、滅、道的原理，才能減壓紓壓。想要簡單樂活，就要練習《雜阿含經》禪定止觀的方法，才能身心穩定健康。想要離苦得樂，就要接受《增壹阿含經》的勸化，提昇自己的智慧，斷除煩惱執著。

二、經文內容及架構

（一）《阿含經》思想背景

《阿含經》是傳承佛陀教法的聖典，四部阿含的內容各有其特色：⑴《長阿含經》記載佛陀的本生故事及事蹟，從降生入胎、出家成道，乃至涅槃等因緣，經中並提出當時外道的錯誤知見，側重在迴轉外道改宗佛教，具有破諸外道的特色。⑵《中阿含經》敘述佛陀對弟子、異學、王者、居士的教誡，重於對法義以及因果業報之分別，具有方便學問者所習的特色。⑶

《雜阿含經》闡釋如何從禪定增上智慧，以空性智慧消融煩惱，而獲得究竟的解脫，以坐禪人所習為特色。(4)《增壹阿含經》由法數順序分類輯成，為諸天、世人說法總集而成，具有勸化人所習的特色。

佛陀針對印度當時的很多宗教，如婆羅門教及六師沙門等，將其謬誤的教義與思想提出評判，並歸納為六十二種邪見。如《長阿含經．阿摩晝經》記載：外道派遣弟子見佛陀，佛陀為調伏外道邪偽，闡明佛法真正義理，讓佛弟子具足智慧及修行。唯有聖弟子了解三寶的珍貴，擺脫世間六十二種外道邪見的羅網，領悟四聖諦，才真正是對如來的稱讚。

破除外道邪見是《阿含經》的主要內容，為方便了解《阿含經》當時的發展背景所面對的邪見，所以詳細解說六十二種邪見。佛陀也在《長阿含經．梵動經》中，解說甚深微妙大法光明，並詳細說明六十二邪見的內容，避免大眾因錯誤的觀念，而不得解脫。此經能摧毀及撼動一切外道沙門、婆羅門、天神、魔王、梵天等心中的邪見，故稱此經為義動、法動、見動、魔動、梵動。

諸有沙門、婆羅門於本劫本見、末劫末見，種種無數，隨意所說，盡入六十二見中；本劫本見、末劫末見，種種無數，隨意所說，盡不能出過六十二見中。

經中提及有些沙門、婆羅門以禪定力或思惟力，看見過去及現在世間種種現象，而推敲出的五類常見，詳如表二所示，共可分為十八種邪見：

1. 世間常存論

主張身心乃至世界常住不變，死後再生於來世而以現狀相續，永遠不會改變；共有四種邪見。以禪定力看見，主張：⑴過去二十劫是常住不變的；⑵過去四十劫是常住不變的；⑶過去八十劫是常住不變的；⑷以思惟力推論世界常住不變。婆羅門教的「梵我如一」，以及「靈魂永生」的概念，都屬於「常見」。

2. 世間半常半無常論

主張大梵（造物主、大我）是常，眾生則是無常的；因而堅稱：「我及

表二：五類過去及現在的常見

類別	數量	內容
1. 世間常存論	四種	主張身心乃至世界常住不變，死後再生於來世而以現狀相續，永遠不會改變。以禪定力看見：⑴過去二十劫是常住不變的；⑵過去四十劫是常住不變的；⑶過去八十劫是常住不變的；⑷以思惟力推論世界常住不變。
2. 世間半常半無常論	四種	主張大梵（造物主、大我）是常，眾生則是無常的：⑴回憶過去世遇過梵天；⑵回憶過去世生為地居天；⑶回憶過去世生為空居天，壽命很長而誤以為生命恆常，轉生為人發現生命無常；⑷以思惟力推論世界是半常半無常的。
3. 世間有邊無邊論	四種	執著禪修體驗認為世界的範圍有邊，或是世界無邊，或是非有邊非無邊等。以禪修體驗而認為世間的範圍：⑴有邊想的；⑵無邊想的；⑶有邊亦無邊想的；⑷以思惟力臆測世界及人生是有邊無邊的。

4.異問異答論	四種	由於對事理未能全盤了解，而主張懷疑論或是答非所問的詭辯論：⑴不能解答因緣果報的問題，感到羞愧於人；⑵不能解答生死輪迴的問題，又怕造作妄語；⑶厭惡苦受，卻不能解答善惡因果的問題；⑷愚冥闇鈍，有人來請教，則以答非所問的詭辯論來回應。
5.無因而有論	二種	主張萬物無因無緣，否定因果規律：⑴以神通力自識前生，誤以為萬物都是自然產生，沒有其他原因；⑵以思惟力推論，認為萬物沒有任何原因即可以產生。

世間，半常、半無常。」共有四種邪見：⑴回憶過去世遇過梵天；⑵回憶過去世生為地居天；⑶回憶過去世生為空居天，壽命很長而誤以為生命恆常，轉生為人發現生命無常；⑷以思惟力推論世界是半常半無常的。

3.世間有邊無邊論

執著禪修體驗認為世界的範圍有邊，或是世界無邊，或是非有邊非無邊等；或以思惟力臆測世界及人生是有邊無邊的，堅稱：「我及世間有邊無邊。」共有四種邪見。以禪修體驗而認為世間的範圍：⑴有邊想的；⑵無邊想的；⑶有邊亦無邊想的；⑷以思惟力臆測世界及人生是有邊無邊的。

4. **異問異答論**

由於對事理未能全盤了解，而主張懷疑論或是答非所問的詭辯論，共有四種邪見：⑴不能解答因緣果報的問題，感到羞愧於人；⑵不能解答生死輪迴的問題，又怕造作妄語；⑶厭惡苦受，卻不能解答善惡因果的問題；⑷愚冥闇鈍，有人來請教，則以答非所問的詭辯論來回應。

5. **無因而有論**

主張萬物無因無緣，否定因果規律，共有二種邪見：一派認為萬物都是自然產生，沒有其他原因；一派則認為萬物沒有任何原因即產生。⑴以神通力自識前生，誤以為萬物都是自然產生，沒有其他原因；⑵以思惟力推論，認為萬物沒有任何原因即可以產生。這些錯誤的常見，會形成定性因果之「宿命論」的執著，追求永生或生命個體的存在，而在三界六道中不斷地投生，繼而死亡。很多人認為一切是天註定，或認為親屬一定是相欠債，都是錯誤的常見，都會造成修行的障礙。

另外，有些沙門、婆羅門以禪定神通看見未來劫末的一切，或以其才智推敲而得出的四十四種關於未來世的常見及斷見，詳如表三所示，分別是以下五類：

1. 世間有想論

主張有想論，說世間十六種有想邪見，認為死後會轉生到「有想世間」：(1)有色有想、(2)無色有想、(3)有色無色有想、(4)非有色非無色有想、(5)有邊有想、(6)無邊有想、(7)有邊無邊有想、(8)非有邊非無邊有想、(9)一向有樂有想、(10)一向有苦有想、(11)有樂有苦有想、(12)不苦不樂有想、(13)有一想、(14)有若干想、(15)少想、(16)生有無量想。

2. 世間無想論

主張無想論，說世間無想，落入了八種邪見中，認為死後會轉生到「無想世間」：(1)生有色無想、(2)生無色無想、(3)生有色無色無想、(4)生非有色非無色無想、(5)生有邊無想、(6)生無邊無想、(7)生有邊無邊無想、(8)生非有邊非無邊無想。

表三：五類未來的常見及斷見

類別	數量	內容
1.世間有想論	十六種	主張有想論，說十六種有想的邪見，認為死後會轉生到「有想世間」：⑴有色、⑵無色、⑶二者皆是、⑷二者皆非；⑸有邊、⑹無邊、⑺二者皆是、⑻二者皆非；⑼有樂、⑽有苦、⑾二者皆是、⑿二者皆非；⒀一想、⒁若干想、⒂少想、⒃無量想。
2.世間無想論	八種	主張無想論，說八種無想的邪見，認為死後會轉生到「無想世間」：⑴有色、⑵無色、⑶二者皆是、⑷二者皆非；⑸有邊、⑹無邊、⑺二者皆是、⑻二者皆非。
3.世間非有想非無想論	八種	主張非有想非無想論，說八種非有想非無想的邪見，認為死後會轉生到「非有想非無想世間」：⑴有色、⑵無色、⑶二者皆是、⑷二者皆非；⑸有邊、⑹無邊、⑺二者皆是、⑻二者皆非。
4.眾生斷滅無餘論	七種	主張斷滅論，說眾生死後斷滅，歸於無有。落入七種斷滅的邪見：⑴死後就斷滅；⑵生「欲界天」後斷滅；⑶生「色界天」後斷滅；⑷生「空無邊處」後斷滅；⑸生「識無邊處」後斷滅；⑹生「無所有處」後斷滅；⑺生「非想非非想處」後斷滅。

5.現在生中泥洹論	五種	主張現生泥洹論，誤以為欲樂及禪定就是解脫涅槃。掉入五種現法涅槃的邪見：(1)誤認五欲享樂是解脫涅槃；(2)誤認初禪是解脫涅槃；(3)誤認二禪是解脫涅槃；(4)誤認三禪是解脫涅槃；(5)誤認四禪是解脫涅槃。

3.世間非有想非無想論

主張非有想非無想論，說此世間非有想非無想，落入八種邪見中，認為死後會轉生到「非有想非無想世間」：(1)有色非有想非無想、(2)無色非有想非無想、(3)有色無色非有想非無想、(4)非有色非無色非有想非無想、(5)有邊非有想非無想、(6)無邊非有想非無想、(7)有邊無邊非有想非無想、(8)非有邊非無邊非有想非無想。

4.眾生斷滅無餘論

主張斷滅論，說眾生終將斷滅無餘，意即最後必歸消滅，什麼都不存在。落入七種斷滅的邪見，認為：(1)死後就斷滅；(2)來生投生「欲界天」就斷滅；(3)來世化身「色界天」，諸根具足，之後就斷滅；(4)來世投生「無色界空無邊處」就斷滅；(5)來世投生「無色界識無邊處」就斷滅；(6)來世投生「無色界無所有處」就斷滅；(7)來世投生「無色界非想非非想處」就斷滅。

5.現在生中泥洹論

主張現生泥洹（涅槃）論，誤以為欲樂及禪定就是解脫涅槃。掉入五種邪見，認為：(1)享受五欲是現在泥洹；(2)去欲、惡不善法，有覺、有觀，離生喜、樂，入初禪，是現在泥洹；(3)滅有覺、觀，內喜、一心，無覺、無觀，定生喜、樂，入第二禪，是現在泥洹；(4)除念、捨、喜、住樂，護念一心，自知身樂，賢聖所說，入第三禪，是現在泥洹；(5)樂滅、苦滅，先除憂、喜，不苦不樂，護念清淨，入第四禪，是第一泥洹。這些錯誤的斷見，會形成否定因果之「斷滅論」的執著，認為生命死亡後，一切歸於滅無，於是否定了善惡因果，也否定了修道證果，就放棄了修行來提昇生命的機會。

以上就是當時印度思想界所流行的十類邪見，共有六十二種。簡單而言，就是偏於常、或偏於斷的錯誤見解，也就是常見及斷見兩大類，都是修行的最大障礙。

想要開悟見性，就要先斷除邪見邪行，才能斷除懷疑不信，進而對佛、法、僧及戒，產生堅固不壞的信心，才能見道開悟。佛陀一一駁斥其謬誤，矯正諸沙門、婆羅門各趨極端的思想，而提出中道的諦理，即「四聖諦」。為了破除錯誤的邪戒與邪行，佛陀提出中道的修行，即「八正道」。

（二）阿含學基本架構

《阿含經》的經文內容相當龐雜，以漢譯《阿含經》為例，共約二千零八十三經，內容長達一百八十一卷。其中，《長阿含經》二十二卷三十經，《中阿含經》六十卷二百二十二經，《雜阿含經》現存四十八卷一千三百五十九經，《增壹阿含經》五十一卷四百七十二經。再加上《法句經》、《義足經》、《本事經》、《興起行經》等單行的「雜藏」，字數高達一百六十二萬餘字。雖說經典文字很多，仍可將「四阿含」做系統整理，找出修行的原理與方法，分為經教、義理、修行、證果等四個部分，方便大家了解與修學。

1. 經教

在經教的部分，《長阿含經》中的《小緣經》（又名《四姓經》）：佛陀為大眾解說四種種姓（剎地利、婆羅門、吠舍、首陀羅）平等的道理，不應區分社會階級，而應正確認識善惡因果的原理；不論是剎地利、婆羅門、吠舍、首陀羅哪一種種姓，身行、口行、意行不善，必然遭受苦報；而身行、口行、意行善，必然能得樂報；這就是「善有樂報，惡（不善）有苦報」的道理，經文如下：

> 剎利種中，身行不善，口行不善，意行不善，身壞命終，必受苦報。婆羅門種、居士種、首陀羅種，身行不善，口行不善，意行不善，身壞命終，必受苦報。婆悉吒！剎利種中，有身行善，口、意行善，身壞命終，必受樂報。婆羅門、居士、首陀羅種中，身行善，口、意行善，身壞命終，必受樂報。

並且，佛陀在《中阿含經．心品》中也告訴阿難尊者：身、口、意惡行，必定遭受苦報；而身、口、意妙行（善行），必定能得樂報。這也是在說明「善有樂報，惡有苦報」的道理。

阿難！若身惡行，口、意惡行，受樂報者，終無是處。阿難！若身惡行，口、意惡行，受苦報者，必有是處。阿難！若身妙行，口、意妙行，受苦報者，終無是處。若身妙行，口、意妙行，受樂報者，必有是處。

另外，佛陀在《中阿含經．七法品》的《水喻經》提出，沉淪於不善法，就猶如溺水受難。安住於善法，才能出水得救。比喻只有斷惡修善，才能到解脫的彼岸。在《業相應品．鹽喻經》也提到，不修身、不修戒、不修心、不修慧的人，壽命很短；有人作不善業，必受苦果現法之報。可以知道，作惡不但會墮落，還會遭受苦報；作善不但可以超昇，還會感得樂報；

我們要正確認識善惡因果的道理，精勤地修身、修戒、修心、修慧，以智慧斷煩惱才能得到解脫，並獲得究竟涅槃的永恆快樂。

2. 義理

在義理的部分，《長阿含經》、《中阿含經》都分別提出「四聖諦」的道理，佛陀告訴世人，要能從生死輪轉中解脫出來，就必須先從「苦聖諦」入手，感受到世間的苦，才會想要離苦。更進一步，還要了解「集聖諦」，了知生死的痛苦，其實來自於煩惱與執著的聚集。要想得到涅槃解脫的快樂，就要滅苦而實證「滅聖諦」。要想徹底滅除生死痛苦，就要修學「道聖諦」，以智慧斷煩惱而得解脫。如《長阿含經．龍鳥品》所說：

> 若能諦知苦，知苦所起因，亦能知彼苦，所可滅盡處，
> 又能善分別，滅苦集聖道，則得心解脫，慧解脫亦然。
> 斯人能究竟，苦陰之根本，盡生老病死，受有之根原。

佛陀在《雜阿含經》卷十五也告訴諸比丘有「四聖諦」就是苦聖諦、苦集聖諦、苦滅聖諦、苦滅道跡聖諦。如果比丘對四聖諦能知苦、斷集、修道、證滅，就可證得阿羅漢果；以正智斷盡有漏的煩惱執著，得到善解脫。

若比丘於苦聖諦已知、已解，於苦集聖諦已知、已斷，於苦滅聖諦已知、已證，於苦滅道跡聖諦已知、已修。如是比丘名阿羅漢，諸漏已盡，所作已作，離諸重擔，逮得己利，盡諸有結，正智善解脫。

生死輪轉的痛苦，來自於煩惱無明的聚集，即「集聖諦」，是一種起惑、造業、受苦的惡性循環。這種生死流轉的因果關係，共有十二項，稱為「十二因緣」。有生必有老死，生從有起，有從取起，取從愛起，愛從受起，受從觸起，觸從六入起，六入從名色起，名色從識起，識從行起，行從癡（無明煩惱）起。如果不想在生死輪轉中受苦，就必須逆向操作，斷除癡惑無明，從起惑、造業、受苦的惡性循環中，超脫出來。佛陀自己就是觀察

「十二因緣」，滅除生、老、死、憂、悲、苦、惱，而得成無上正等正覺（阿耨多羅三藐三菩提）。如《長阿含經．大本經》所說：

> 癡滅故行滅，行滅故識滅，識滅故名色滅，名色滅故六入滅，六入滅故觸滅，觸滅故受滅，受滅故愛滅，愛滅故取滅，取滅故有滅，有滅故生滅，生滅故老、死、憂、悲、苦惱滅。……爾時，菩薩逆順觀十二因緣，如實知，如實見已，即於座上成阿耨多羅三藐三菩提。

想徹底滅除生死痛苦得解脫，要修學「道聖諦」，運用中道智慧來修行。《中阿含經．晡利多品》提到，世間有兩類偏頗錯誤的修行方式（二邊行），一種是縱欲（耽著欲樂），一種是苦行（自煩自苦）。必須捨二邊，取中道，修學「八正道」，才成明成智，趣於涅槃。《雜阿含經》卷十八提出「八正道」從正見到正定的具體內容，時常修習可斷盡有漏煩惱，徹底離苦得樂：

復問：「舍利弗！有道有向，修習多修習，常修善法增長耶？」答言：「有。謂八正道。謂正見、正志、正語、正業、正命、正方便、正念、正定。」閻浮車言：「舍利弗！此則善道，此則善向，修習多修習，於諸善法常修習增長。舍利弗！出家常修習此道，不久疾得盡諸有漏。」

3. 修行

在修行的方面，《雜阿含經》卷三十佛陀告訴諸比丘，有三種增上學，即增上戒學、增上意學（即增上定學）、增上慧學。增上戒學是安住於持戒的學習，看見微細罪依然要受持學習不犯，謹慎小心，聚焦心念。增上意學是禪定的學習，有覺有觀進入初禪，乃至第四禪，心念意識能穩定。增上慧學是智慧的學習，對於四聖諦如實知，具足智慧才能斷除煩惱。這三種學習，彼此環環相扣，相互增上，故稱為「戒定慧三學」或「三增上學」：

爾時，世尊告諸比丘：「有三學。何等為三？謂增上戒學、增上意學、增上慧學。何等為增上戒學？若比丘住於戒波羅提木叉，具足威儀行處，見微細罪則生怖畏，受持學戒，是名增上戒學。何等為增上意學？若比丘離諸惡不善法，有覺有觀，離生喜樂，初禪具足住，乃至第四禪具足住，是名增上意學。何等為增上慧學？若比丘此苦聖諦如實知，此苦集聖諦、此苦滅聖諦、此苦滅道跡聖諦如實知，是名增上慧學。」

另外，佛陀在《雜阿含經．八四三經》告訴舍利弗尊者，「戒定慧三學」的前行準備，必須修學「四入流分」，四種超凡夫、入聖流的過程。第一個是親近善知識（親近善男子），第二個是從善知識處聽聞正法（聽正法），第三個是聞法後思惟吸收（內正思惟），第四個是依法實踐修行（法次法向）。這四種修學可以達成對佛、對法、對僧、對戒等四個對象，產生堅固不壞的信心，稱為「四不壞信」。

佛告舍利弗：「如汝所說，流者，謂八聖道。入流分者有四種，謂親近善男子、聽正法、內正思惟、法次法向。入流者成就四法，謂於佛不壞淨、於法不壞淨、於僧不壞淨、聖戒成就。」

戒、定、慧三學的次第步驟及最終成果，稱為「九成法」或「九淨滅枝法」，是九個清淨滅苦的步驟。

第一個步驟「戒淨滅枝」是持戒清淨。第二個步驟「心淨滅枝」是禪定清淨。第三個步驟「見淨滅枝」是滅除邪見。第四個步驟「度疑淨滅枝」是滅除疑惑。第五個步驟「分別淨滅枝」是滅除邪戒邪行。第六個步驟「道淨滅枝」是道行智慧圓滿。第七個步驟「除淨滅枝」是智慧斷除煩惱。第八個步驟「無欲淨滅枝」是徹底離欲達到無欲。第九個步驟「解脫淨滅枝」是實證涅槃解脫。如《長阿含經》卷九所說：

云何九成法？謂九淨滅枝法：戒淨滅枝、心淨滅枝、見淨滅枝、度疑淨滅枝、分別淨滅枝、道淨滅枝、除淨滅枝、無欲淨滅枝、解脫淨滅枝。

4.證果

在證果的方面，《增壹阿含經．聲聞品》中，佛陀告訴諸比丘，解脫道修行成就，有「沙門四果」的究竟安樂。第一個層次需先斷三結（邪見結、邪戒結、疑惑結），成就須陀洹果（初果），七次生死後必達滅度。第二個層次除了斷三結以外，淫、怒、癡漸薄漸離，成就斯陀含果（二果），一次生死後必盡苦際。第三個層次要斷五下分結（欲界的貪、瞋、身見、戒取、疑等煩惱），成就阿那含果（三果），不再來此世生死輪轉。第四個層次要斷五上分結（色界及無色界的色愛、無色愛、掉、慢、無明等煩惱），成就阿羅漢果（四果），成無漏心解脫，或是智慧解脫，不受後有，徹證涅槃。

經文如下：

若有比丘行此先苦後獲沙門四樂之報，斷三結網，成須陀洹不退轉法，必至滅度。復次，比丘！若斷此三結，淫、怒、癡薄，成斯陀含，來至此世，必盡苦際。復次，比丘！若有比丘斷五下分結，成阿那含，於彼般涅槃，不來此世。

復次，比丘！若有比丘有漏盡，成無漏心解脫、智慧解脫，於現法中身作證而自遊戲：生死已盡，梵行已立，所作已辦，更不復受胎，如實知之。是彼比丘修此先苦之法，後獲沙門四果之樂。

比丘證得阿羅漢，分為「俱解脫」（心解脫）及「慧解脫」二種。禪定及智慧都具足的阿羅漢，稱為「俱解脫」；單靠智慧證得阿羅漢，稱為「慧解脫」。根據《中阿含經．大品》中記載，當時在王舍城竹林精舍，五百位比丘有九十位證得神通，九十位證得俱解脫果位，三百二十位證得慧解脫果位。由此可知，當時慧解脫阿羅漢，較俱解脫阿羅漢，數量多至三倍半。也可以得知，要證得阿羅漢果位，最主要還是靠智慧斷煩惱，才能得到涅槃。

世尊！此五百比丘，幾比丘得三明達？幾比丘得俱解脫？幾比丘得慧解脫耶？世尊告曰：舍梨子！此五百比丘，九十比丘得三明達（神通），九十比丘得俱解脫，餘比丘得慧解脫。

總結四部《阿含經》的內容，其基本架構是以正確善惡因果、破除外道邪見為經教；宣說離苦得樂的道理，而能證得現世、後世、究竟安樂。教導「四聖諦」、「八正道」、「十二因緣」等中道智慧為義理；宣說智慧才能斷煩惱的道理，而能證得寂靜涅槃。修行上，宣說「四預流支」、「戒定慧三學」、「九淨滅枝」等次第步驟，做為實修的依據。證果上，宣說「須陀洹果」、「斯陀含果」、「阿那含果」、「阿羅漢果」等沙門四果；並說明「慧解脫」、「俱解脫」二種阿羅漢，詳如表四所示：

表四：四部《阿含經》內容架構

項目	內容
經教	1.正確善惡因果：善有樂報，惡有苦報。 2.破除外道邪見：世間常存論、世間半常半無常論、世間有邊無邊論、異問異答論、無因而有論、世間有想論、世間無想論、世間非有想非無想論、眾生斷滅無餘論、現在生中泥洹論。
義理	1.四聖諦：苦聖諦、苦集聖諦、苦滅聖諦、苦滅道跡聖諦。 2.八正道：正見、正志、正語、正業、正命、正方便、正念、正定。 3.十二因緣：癡滅故行滅，行滅故識滅，識滅故名色滅，名色滅故六入滅，六入滅故觸滅，觸滅故受滅，受滅故愛滅，愛滅故取滅，取滅故有滅，有滅故生滅，生滅故老、死、憂、悲、苦惱滅。
修行	1.四預流支：親近善男子、聽正法、內正思惟、法次法向。 2.無漏三學：增上戒學、增上定學、增上慧學。 3.九淨滅枝：戒淨滅枝、心淨滅枝、見淨滅枝、度疑淨滅枝、分別淨滅枝、道淨滅枝、除淨滅枝、無欲淨滅枝、解脫淨滅枝。
證果	1.沙門四果：「須陀洹果（初果）」、「斯陀含果（二果）」、「阿那含果（三果）」、「阿羅漢果（四果）」。 2.二種阿羅漢：「慧解脫」、「俱解脫」阿羅漢。

〈第二篇〉

阿含教理哲學

一、四聖諦和離苦得樂

（一）離苦得樂的真理

「四聖諦」是佛陀成道之後，於鹿野苑為五比丘所說的重要教理，史稱「轉法輪」。四聖諦即苦聖諦、苦集聖諦、苦滅聖諦和苦滅道跡聖諦，是佛教的基本教法，原始佛教、部派佛教、初期大乘佛教、後期大乘佛教乃至密乘佛教，以及現代佛教各宗派共同的基本教理。

1. 四聖諦

「四聖諦」包括：

(1)苦諦：說明有情生命中，苦的普遍存在。

(2)集諦：苦產生的原因是煩惱及執著。

(3)滅諦：苦可以消滅。

(4)道諦：得解脫滅苦的方法，就是八正道。

四諦概括了兩重因果關係：集是因，苦是果，是迷執而輪迴的因果；道是因，滅是果，是覺悟而解脫的因果。若能修道除惡、滅貪瞋癡，就可以滅苦，脫離輪迴而證得涅槃解脫。

正如《中阿含經・舍梨子相應品》的《象跡喻經》說：「無量善法，彼一切法皆四聖諦所攝，來入四聖諦中；謂四聖諦於一切法，最為第一。」可知「四聖諦」是整個佛教的真理原則，也是現代南傳佛教、北傳佛教、藏傳佛教所共同的基本教義，也是世間、出世間的唯一解脫之道。佛教聖典如阿含部、律部、本緣部、經集部、般若部、中觀部、瑜伽部、大集部、法華部、華嚴部、寶積部等，三藏十二部都是以「四聖諦」為依歸。

四部《阿含經》都分別提到「四聖諦」的道理，佛陀在成道後，在鹿野苑初轉法輪，告訴憍陳如等五位比丘，四聖諦就是苦聖諦、苦集聖諦、苦滅聖諦、苦滅道跡聖諦，如果比丘對四聖諦能知苦、斷集、修道、證滅，就可以證得阿羅漢果。以正智來斷盡有漏的煩惱執著，應作應學都已經完成，得到徹底離苦得樂的利益，斷盡煩惱的纏結，體證到涅槃的善解脫。由此可知，想要離苦得樂、究竟解脫，先要了解世間苦的問題，以及苦的原因，並且要有離苦的道理方法，才能出世間而滅除苦。如《雜阿含經》卷十五所說：

若比丘於苦聖諦已知、已解，於苦集聖諦已知、已斷，於苦滅聖諦已知、已證，於苦滅道跡聖諦已知、已修。如是比丘名阿羅漢，諸漏已盡，所作已作，離諸重擔，逮得己利，盡諸有結，正智善解脫。

《增壹阿含經．等趣四諦品》詳細地說明「四聖諦」知苦、斷集、修道、證滅的內涵；其中，「苦聖諦」就是要確實了解世間的痛苦，了解苦，才會想要從苦解脫出來。

云何為苦諦？所謂生苦、老苦、病苦、死苦、憂悲惱苦、怨憎會苦、恩愛別苦、所求不得苦，取要言之，五盛陰苦，是謂苦諦。

2.八苦

從苦的相貌來看，包括有：生苦、老苦、病苦、死苦、怨憎會苦、愛別離苦（恩愛別苦）、求不得苦、五蘊熾盛苦（五盛蘊苦）等八種，合稱為「八苦」。

⑴生苦：有生必有死，生是一切憂悲苦惱的起源。
⑵老苦：因逐漸衰老，而造成身體及心理的痛苦。
⑶病苦：四大假合之身體，必然會得病，生病會造成身心受苦。
⑷死苦：世事無常，死亡是必然的，卻會帶來恐懼害怕的痛苦。
⑸怨憎會苦：所憎所怨，卻不得不會面和往來，心生煎熬之苦。
⑹愛別離苦：所愛所欲，總有別離之時，不能接受而產生苦受。
⑺求不得苦：欲求不得，總覺不甘不適，感受到不滿足的痛苦。
⑻五蘊熾盛苦：前七苦皆由五蘊領受、聚集，故稱為五蘊熾盛苦。

3.三苦

《長阿含經》卷八則從苦的體性來看，世間種種苦，都可以歸納為「三苦」，包括：行苦、苦苦、變易苦。這三種痛苦，都是三界六道眾生，所共同遭受的生死苦惱。

⑴行苦：一切有為法，遷流變化，無剎那安穩，是一種無常的苦。依三世遷流建立的五蘊身心，是痛苦的根源。

⑵苦苦：有情眾生的五蘊身心，本來就是苦；再加上煩惱執著，或是情緒壓力，而形成苦上加苦。

⑶變易苦：或稱為「壞苦」，樂相壞滅時，就會生起苦想；世間暫時的享樂，終會壞滅，其實本質也是苦。

「集聖諦」就是要確實了解生死痛苦的原因，來自於煩惱與執著的聚集。《雜阿含經》卷十二說明三界生死苦果，來自於無明惑業的惡性循環，就是因煩惱而起惑、造業、受苦。受苦後又增長煩惱無明，再度起惑、造業、受苦，不斷增加痛苦，卻無法從這種惡性循環中，跳脫出來。

所謂此有故彼有，此起故彼起，緣無明行，乃至（緣行識，緣識名色，緣名色六入（處），緣六入觸，緣觸受，緣受愛，緣愛取，緣取有，緣有生，緣生老死憂悲惱苦，如是）純大苦聚集。

（二）涅槃解脫的方法

佛陀告訴世人「四聖諦」的道理，是要幫助大家能夠徹底地離苦得樂，最終能夠證涅槃而得解脫。人生之所以會有三苦、八苦，最主要的原因在於「無明」，也就是沒有發揮智慧，一直處在煩惱執著的惡性循環之中。由於無明迷惑，造作種種惡業，而遭受各種苦報與苦果。佛陀告訴大眾，這種起惑、造業、受苦的循環，就是「十二因緣」的生死流轉，要想從生死中解脫出來，還滅一切的苦，就要修學「八正道」，最後證入滅苦涅槃的境界。

1. 十二因緣

對照到三界生死的過程，這種無明惑業的惡性循環，可以細分為十二項，相依而生，稱為「十二因緣」。隨順這種循環，就會生死流轉受苦，稱為「流轉門」；逆轉這種循環，就可以滅苦得解脫，稱為「還滅門」。這十二項，是眾生在過去、現在、未來三世中，輪迴六道的次第緣起：

(1)無明：過去世無始以來，因對真理真相不明瞭，而產生的煩惱。
(2)行：依過去世煩惱而作之善惡行業，形成心念意志的業力習性。
(3)識：依過去世累積的業識，而尋求自我存在，在現世投胎受生。
(4)名色：在母胎中逐漸發育，形成心理稱為名，形成生理稱為色。
(5)六處：發展出眼、耳、鼻、舌、身、意等六根的感官功能作用。
(6)觸：從母胎出生，眼、耳、鼻、舌、身、意等六根接觸到外界。
(7)受：六根接觸到外境六塵，產生苦受、樂受、不苦不樂等感受。
(8)愛：因苦受、樂受、不苦不樂等感受，產生種種的排斥或愛欲。
(9)取：由於強烈的排斥或愛欲等心理不斷累積，產生執取或貪著。
(10)有：因執取或貪著，強化了現世自我存在及自我存有的業識。
(11)生：依於現世自我存在及自我存有的業識，而於未來世受生。
(12)老死：於未來世受生後，又進入下一個生、老、病、死的惡性循環。

要想得到涅槃解脫的快樂，就要滅苦而實證「滅聖諦」。一切苦惱都消失了，稱為涅槃。《雜阿含經》卷十八提到涅槃的定義：「涅槃者，貪欲永盡，瞋恚永盡，愚癡永盡，一切諸煩惱永盡，是名涅槃。」簡而言之，涅槃就是永遠斷盡貪、瞋、癡等一切煩惱的狀態；煩惱是苦因，沒有苦因，也就沒有苦果，就徹底滅苦了。《增壹阿含經・火滅品》中，佛陀告訴比丘，斷盡煩惱，三界業苦亦滅，可以證得二種涅槃。

世尊告諸比丘：「有此二法涅槃界。云何為二？有餘涅槃界、無餘涅槃界。彼云何名為有餘涅槃界？於是，比丘滅五下分結，即彼般涅槃，不還來此世，是謂名為有餘涅槃界。彼云何名為無餘涅槃界？於是，比丘盡有漏成無漏，意解脫、智慧解脫，自身作證而自遊戲：生死已盡，梵行已立，更不受有，如實知之，是謂為無餘涅槃界。」

2.有餘涅槃和無餘涅槃

若能斷除三界業煩惱，就是滅諦現證「有餘涅槃」。因滅則果滅，捨此報身，後世苦果永不相續，證入「無餘涅槃」。

⑴有餘涅槃：比丘斷五下分結，即欲界五種煩惱：貪、瞋、身見、戒取、疑，身死之後，不再還來此世，投生三界六道；無生死之因，唯有生死之果（此前生所招之果報），稱為「有餘涅槃」。

⑵無餘涅槃：比丘斷五上分結，即色、無色界五種煩惱：色愛、無色愛、掉、慢、無明，其人今生之果報盡而歸於寂滅；無生死之因，亦無生死之果，稱為「無餘涅槃」。

要想徹底滅除生死痛苦，就要修學「道聖諦」，以智慧斷煩惱而得解脫。道諦是消滅痛苦，而獲得涅槃解脫的方法及門道，《中阿含經．舍梨子相應品》提到要證涅槃，主要是修學「八正道」，包括正見、正志、正語、正業、正命、正方便、正念和正定。

3.八正道

佛陀在《中阿含經．舍梨子相應品》中告訴舍梨子尊者，要想滅除痛苦，得到涅槃寂靜的快樂，就要修學八正道，包括：正見、正志、正語、正業、正命、正方便、正念、正定等八項。如果可以了知生、老、病、死等苦是現實人生的真相，了知苦的來源是煩惱執著的習氣，了知苦是可徹底滅除的。最重要的是要了知並學習八支聖道，這樣修學的比丘，稱為「成就正見」，得到正見，對佛、法、僧及戒，產生堅固不壞的淨信，逐漸深入正法之中。

云何知苦滅道如真？謂八支聖道，正見乃至正定為八，是謂知苦滅道如真。尊者舍梨子！若有比丘如是知苦如真，知苦習、知苦滅、知苦滅道如真者，是謂比丘成就見，得正見，於法得不壞淨，入正法中。

「八正道」也可以區分為戒、定、慧三學。其中，正語、正業與正命三項：語言要正確、行為要端正、職業要正當，以無漏戒學為體。這是人生最基本的道德，以增進個人及社會生活的和諧快樂為目的。正方便、正念和正定三項：正確的精勤、正確的心念、正確的禪定，以無漏定學為體。教導眾生精進地照顧好心念，可以達到身心穩定的禪定境界。正志和正見兩項：正確的思考、正確的見解，以無漏慧學為體。透過正確地思惟及思考，可以建立正確的觀念及見解，才能產生對事物如實的知見，發揮正確的智慧。

(1)正見：就是正確的知見，明瞭苦、集、滅、道四諦的道理，以無漏之慧學為體。

(2)正志（正思惟）：就是正確的思考，思惟四諦之理增長智慧，以無漏之慧學為體。

(3)正語：就是正當的言語，修口業不作一切非理之言語，以無漏戒學為體。

(4)正業：就是正當的行為，修身業安住於清淨行為舉止，以無漏戒學為體。

(5)正命：就是正當的經濟生活，隨順於如理正法而活命，以無漏戒學為體。

⑹正方便（正精進）：就是離惡行善的正當努力，精勤修涅槃之道，以無漏定學為體。

⑺正念：就是純正的心念，憶念正道不偏不倚而無邪念，以無漏定學為體。

⑻正定：就是純正的禪定，入於清淨禪定而不執著定愛，以無漏定學為體。

「四聖諦」是佛陀教導大眾，解決生死問題的方法和過程。要能從生死輪轉的問題中解脫出來，就必須先從「苦聖諦」入手，感受到世間的苦，才會想要離苦。更進一步，還要了解「集聖諦」，了知生死的痛苦，其實來自於煩惱與執著的聚集。要想得到涅槃解脫的快樂，就要滅苦而實證「滅聖諦」。要想徹底滅除生死痛苦，就要修學「道聖諦」，以智慧斷煩惱而得解脫。另外，我們也可以從「四聖諦」解決生死問題的方法和過程，進一步延伸發揮，用類似的方法和過程，解決生活中所遭遇的各種問題。

面對生死輪轉的無限苦逼，想要徹底解脫，只有從正確的理解問題去解

圖一：四聖諦解決問題的方法及步驟

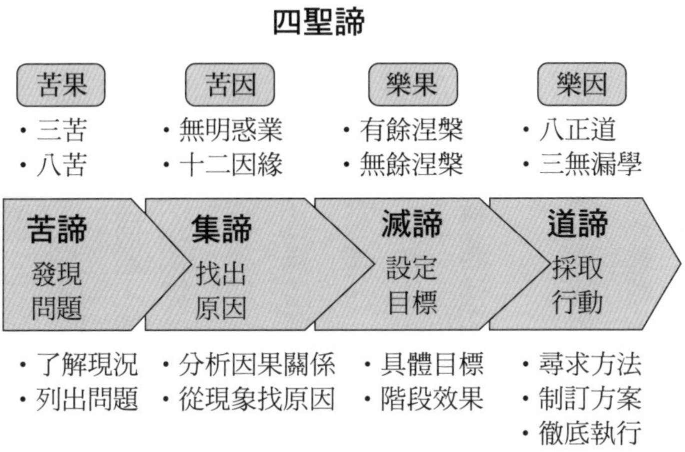

決，不是依靠信仰想像，或某些神祕經驗所能達成的。「四聖諦」中的「苦聖諦」就是要先能發現問題，「集聖諦」就是要找出問題的原因。「滅聖諦」就是設定解決問題的目標，「道聖諦」就是尋求方法，並採取行動。由此可知，「四聖諦」不但可解決生死問題，也可以用來解決生活中的各種問題，讓大家在日常不斷學習和成長，活得更快樂。詳如圖一。

人生是持續不斷學習與成長的過程，過程中會遇到各種困難和挑戰，需要不斷地面對問題、解決問題。在生活中，要學習運用佛陀教導的「四聖諦」

來解決各種問題；若足夠熟練後，最終連生死問題，也能徹底解決。

在生命中，運用四聖諦可以解決生死輪轉的問題；在生活中，也可以解決各種面臨的問題。同樣的方法及步驟，在家庭中，應該可以處理好與家庭成員的關係；在事業中，應該可以處理好與領導和同事的關係；在人際關係中，應該可以維護好人際彼此的關係。深入學習並運用佛陀教導的四聖諦，來解決面臨的各種問題，智慧就會持續地提昇，生命就會不斷地成長，生活也就可以更為快樂。

二、緣起法和善惡因果

「四聖諦」中的集諦，指的是煩惱執著的聚集，就是苦的來源；集諦當中有十二種生死輪轉的因果關係，稱為「十二因緣」，又稱為「緣起法」。了解緣起法，可以讓我們從生死輪轉中解脫出來；了解善惡因果，可以讓我們徹底離苦得樂。緣起法和善惡因果是《阿含經》的重要法義，知緣起、明因果，才可能步步踏實地實修實證，解脫自在。

（一）十二種苦樂因緣

《雜阿含經》卷十二說明生死輪轉的次第緣起，這種無明惑業的惡性循環，依緣而有、依緣而起，可以細分為十二項，稱為「十二因緣」。這就是眾生在過去、現在、未來三世中，輪迴六道的因果關係。另外，收錄在阿含部的漢譯《緣起經》，將緣起法分為「緣起初義」（總相）及「緣起差別義」（別相）來詳細說明；其中，「緣起初義」在總體說明十二項因緣相依而生，從無明緣行，到生緣老死，產生純大苦集（煩惱執著的聚集），形成生死輪轉的憂悲苦惱。

爾時，世尊告苾芻眾：「吾當為汝宣說緣起初差別義，汝應諦聽，極善思惟，吾今為汝分別解說。」苾芻眾言：「唯然願說，我等樂聞。」佛言：「云何名緣起初？謂依此有故彼有，此生故彼生，所謂無明緣行，行緣識，識緣名色，名色緣六處，六處緣觸，觸緣受，受緣愛，愛緣取，取緣有，有緣生，生緣老死，起愁歎苦憂惱，是名為純大苦蘊集，如是名為緣起初義。」

「緣起初義」是因緣相生的道理，做總相說明；「緣起差別義」則將十二項因緣的內容，做詳細的別相說明。

1. 無明

過去世無始以來，因對真理真相不明瞭，而產生的煩惱。主要是對於佛、法、僧無知，對於苦、集、滅、道無知，對於因、果無知，對於善、不善無知，對於有罪、無罪無知；對於應修習、不應修習無知，對於下劣、上妙無知。愚癡黑暗，而產生的煩惱與執著。

2. 行

依過去世煩惱而做的善惡行業，形成心念意志的業力習性。行有三種，包括身行、語行、意行；也就是身體、言語、意念的行為，形成的業力習性。

3. **識**

依過去世累積的業識，而尋求自我存在，在現世投胎受生。

識有六種，稱為六識身：包括眼識、耳識、鼻識、舌識、身識、意識等感官識別能力，妄尋自我存在的感受，而投胎受生。

4. **名色**

在母胎中逐漸發育，形成心理稱為「名」，形成生理稱為「色」。

名有四種，稱為四無色蘊：包括受蘊、想蘊、行蘊、識蘊等精神心理的成分。色有四種元素，包括地、水、火、風等四大種，及四大種所形成的色身肉體的成分。

5. **六處**

發展出眼、耳、鼻、舌、身、意等六根的感官功能作用。

六處，又稱為六內處：包括眼內處、耳內處、鼻內處、舌內處、身內處、意內處，六種感官的功能與作用。

6. 觸

從母胎出生，眼、耳、鼻、舌、身、意等六根接觸到外界。觸有六種，稱為六觸身：包括眼觸、耳觸、鼻觸、舌觸、身觸、意觸，六種感官功能與外界的接觸。

7. 受

六根接觸到外境六塵，產生苦受、樂受、不苦不樂等感受。受分三種，包括樂受、苦受、不苦不樂受，是六根接觸到外境六塵，所產生的感受。

8. 愛

因苦受、樂受、不苦不樂等感受，產生種種的排斥或愛欲。愛分三種，包括欲愛、色愛、無色愛，是六根接觸到外境六塵，所產生對三界（欲界、色界、無色界）的愛欲。

9. 取

由於強烈的排斥或愛欲等心理不斷累積，產生執取或貪著。

取分四種，稱為四取，包括欲取、見取、戒禁取、我語取。其中，欲取是對於色、聲、香、味、觸等五塵，產生貪欲取著。見取是對於五蘊之法，妄計取著我見、邊見等。戒取是執著修行非理的邪戒，例如外道的狗戒、牛戒。我語取是執著於我見、我慢，而產生自以為是的言語或說法。

10. 有

因執取或貪著，強化了現世自我存在及自我存有的業識。

有分三種，稱為三有，包括欲有、色有、無色有。由於執取或貪著，想要投生於欲界、色界、無色界等三界，以滿足自我存有的業識。

11. 生

依於現世自我存在及自我存有的業識，而於未來世受生。

由於現世自我存在及自我存有的業識，於來世投生於欲界、色界、無色界等三界，出現命根，得到三界的五蘊身心。

12. 老死

於未來世受生後，又進入下一個生、老、病、死的惡性循環。

得到三界的五蘊身心，進入老化、死亡的惡性循環。身體逐漸老化，頭髮衰變，皮膚緩皺，身脊傴曲，形貌僂前，昏昧羸劣，損減衰退。最終捨壽捨煖，命根謝滅，棄捨諸蘊，運盡死亡。

無明、惑、業的生死輪轉，其實就是惑、業、苦三者的惡性循環。三界生死苦果，來自於無明惑業的惡性循環，就是因煩惱而起惑、造業、受苦。依貪、瞋、癡等惑而造作善惡之業，復由此業為因而招三界之生死苦果，不斷地起惑、造業、受苦，而增長無明惑業，再起惑、造業、受苦，循環不止，生死輪迴。無明惑業的生死輪轉，其實一切都是依於因緣的，即所謂「此有故彼有，此生故彼生」的因果關係。「惑」是知情意的惑亂，就是煩惱；「業」是行為的習慣及潛力；「苦」是身心自體的生死苦迫。

「無明」是過去世的惑，「行」是過去世的業，它們都是苦因；過去世無始以來，因對真理真相不明瞭，而產生的煩惱。依過去世煩惱而做的善惡行業，形成心念意志的業力習性。「識」、「名色」、「六入」、「觸」、「受」是現世的苦果。由於過去世累積的業識，而尋求自我存在，在現世投胎受生。

在母胎中逐漸發育，形成心理稱為「名」，形成生理稱為「色」。發展出眼、耳、鼻、舌、身、意等六根的感官功能作用。從母胎出生，眼、耳、鼻、舌、身、意等六根接觸到外界。六根接觸到外境六塵，產生苦受、樂受、不苦不樂等感受。

「愛」、「取」是現世的惑，「有」是現世的業，它們都是苦因；因苦受、樂受、不苦不樂等感受，而產生種種的排斥或愛欲。由於強烈的排斥或愛欲等心理不斷地累積，產生執取或貪著。因執取或貪著，又強化了現世自我存在及自我存有的業識。「生」、「老死」是來世的苦果，依於現世自我存在及自我存有的業識，而於未來世受生。於未來世受生後，又進入了下一個生、老、病、死的惡性循環。十二因緣與惑、業、苦之間的因果關係，詳如圖二。

《翻譯名義集》卷三以「惡叉聚」來比喻惑、業、苦三者的惡性循環：惡叉是印度的一種樹名，它的果實俗稱「金剛子」。惡叉樹果實呈紫色，印

圖二：十二因緣與惑業苦之因果關係

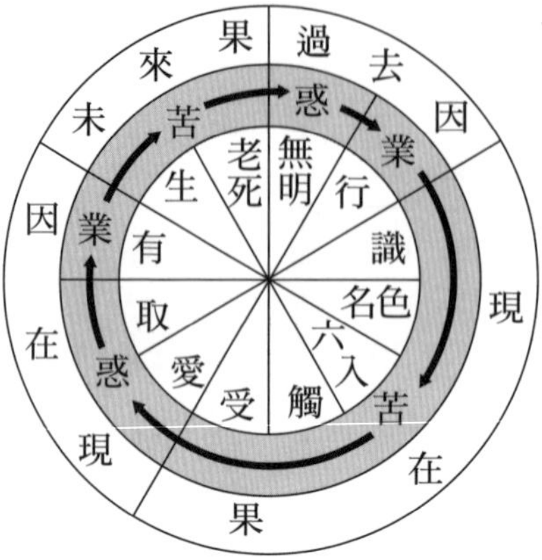

起惑、造業、受苦
三世二重因果循環

度人多取以染物或榨油，其果核可作念珠之用。其果實大都三粒同一蒂，且落地後多聚集於一處，故稱惡叉聚，用以譬喻惑、業、苦三者間的因果關連，並造成惡性循環。世間的一切苦果及苦報，都依於惑與業的因緣而生起的。若惑與業的因緣不再具備，則苦果及苦報也就隨之消滅了。

佛陀以十二因緣的道理，告訴大眾惑、業、苦三者，與生死輪轉的因果關係。若隨順這種循環，由於「此有故彼有，此生故彼生」，就會生死流轉受苦，稱為「流轉門」；若逆轉這種循環，由於「此無故彼無，此滅故彼滅」，就可以滅苦得解脫，稱為「還滅門」。如果我們要避免於未來世受生，又進入下一個生、老、病、死的惡性循環，就要由現世修行著手。「識」、「名色」、「六入」、「觸」、「受」的五蘊身心，雖是現世的苦果，但可用來修行。先斷除現世的苦因——「愛」、「取」、「有」，對於種種感受——苦受、樂受、不苦不樂等，不要產生種種的排斥或愛欲。就不會產生執取或貪著，而弱化了現世自我存在及自我存有的業識。淨化現世自我存在及自我存有的業識，就不會在未來世受生，也就沒有來世「生」、「老死」的苦果。另外，過去世的苦因——「無明」、「行」等煩惱執著，也逐漸地斷除，最終就可以離苦得樂。

（二）善惡因果的分析

有、無、生、滅都依因緣而運作，可以生起也可以消滅；對於生滅因緣，不偏於生也不偏於滅的中道，這就是有名的「中道緣起說」。緣起，依因緣之有而有的，是惑、業、苦的生起；依因緣之無而無的，是惑、業、苦的消滅。苦聚的止息，實現了涅槃解脫。依因緣有而有，也就依因緣無而無，由此而確知生死解脫的可能性。佛陀從「十二因緣」的因果關係，告訴我們從因果關係去理解問題，也就可以依因果關係去解決問題。

因果關係是指一系列原因（因）和結果（果）之間的關係，對某個結果產生影響的任何事件都是該結果的一個因素。世間的「因果律」，大都在結果發生後，再去探討原因，並認為這個原因在當前，那麼其結果總會發生。其實，這只是因果的邏輯性，只是一種淺薄粗糙的因果規律；所有結果產生的背後，必有很多相關的條件，因果條件要完全滿足，「結果」才會發生，而結果所產生的效應或報應，依然有很大的不同。

當我們遇到某些問題時，就必須先由事件的起因去探討，或者是從產生的結果去追溯，就是所謂的追因溯果。從世間的「因果律」來看，因果關聯的問題必須要考慮充分條件與必要條件。「充分條件」是指所有條件都滿足了，才會有結果產生。「必要條件」是說要有這個結果，必然要有這個原因。舉例而言，以種瓜為例，能否得瓜必須具備三個條件，即：瓜苗、水分、陽光。當這三個條件具足時，才會種出瓜果，倘若缺乏其中的任一條件，都無法得瓜。在這個例子中，對於每一個單獨的條件而言，它們都是必要條件；當每個條件都聚集在一起時，將會形成充分條件，這就會成為「結果」發生的「原因」。各種條件的總合，包括正的、反的條件，通通聚集起來稱為「緣」，會導致不同的結果，乃至有不同的效應，稱為「報」，這些在因果之間具有錯綜複雜的關係。

佛教所說的因果律，絕不是「宿命論」（或稱定命論、神意論），這是指人的一切作為和命運，皆由神所安排或天註定。表面上看，好像也是一種因果關係，但它否定了萬法無常變動，以及人類具有改變事情的能力。這種命運註定的觀念，正好就是佛陀在《長阿含經．梵動經》中，所駁斥的六十二種或偏於常、或偏於斷的二大類邪見，就是六十二邪見的「常見」；另外一類，則是撥無因果的「斷見」。這些錯誤而極端的思想觀念，其實是婆羅門及諸外道的邪見。

要想避免落入錯誤的因果觀念，必須建立完整的因果律邏輯思考；不能只注意「因」和「果」的必然性，要同時加入「緣」和「報」的條件性和變動性。形成完整的因、緣、果、報的邏輯思考。同樣以種瓜為例，種瓜得瓜是因果的必然性；然而，若仔細分析，若無陽光、水分的「緣」（種種條件），是無法種出瓜的；以現代的基因培育技術，種瓜的結果可能有不同的「報」（報應或效應），甚至有機會形成「種瓜得豆，種豆得瓜」的特殊效應。因、緣、果、報的效應是很細緻但複雜的，切莫落入淺簡粗暴的因果觀念。所以，完整的因果律邏輯思考，應該如同漢譯阿含部之《信佛功德經》卷一所記載，要向佛陀學習，能夠全盤了知種種事物的「因、緣、果、報」，這種對於佛教的「因果律」的完整思考的方法，稱為「佛最勝法」。

> 唯佛世尊！知彼沙門婆羅門於過去時中處處所止，或色界中、或無色界中、或有想處、或無想處、或非有想非無想處，彼種種所作因、緣、果、報等事，悉能了知，是即名為佛最勝法。

家庭婚姻關係是種不容易處理好的人際關係，來自不同社會背景、生活習慣、價值觀念的兩個人，組成親密的婚姻關係，各個方面都需要互相配合，甚至互相容忍。切莫落入「夫妻相欠債」的宿命論，而不去好好地經營婚姻關係。想要處理好家庭婚姻關係，必須多做溝通與協調。向佛陀學習完整因果思考的「佛最勝法」，全盤了知婚姻關係的「因、緣、果、報」。要想有家庭婚姻融洽的「果」（結果），除了夫妻雙方就要有彼此善待容忍的「因」（起因），還要有日常生活多做溝通與協調的「緣」（條件），最終就會有良性循環互動的「報」（效應）。同樣的道理，想要處理好社會上的各種人際關係，不論是職場間的，或是同儕、朋友間的，也要學習完整因果邏輯的思考，全盤了知人際關係的「因、緣、果、報」。在「因」上，先對他人發出善意，在「緣」方面，多做利益他人的言行，就會有良好人際關係的「果」，漸漸就會有人際良性互動的「報」。

佛教對於「因果律」的看法十分完整深入，猶如十二因緣所說：無明、行等二支是過去因；識、名色、六入、觸、受等五支是現在果，愛、取、有等三支是現在因；生、老死等二支是未來果，貫穿時間的過去、現在、未來三態，對宇宙萬法的原理，做出合理的解釋。它可使眾生從「三世因果」中，了解「因果報應」的「必然結果」，令眾生有所警惕，不致為非作惡，乃至行善積德，了脫生死。很多人認為今世遭受到苦難，一定是前世所造的惡行所致，這固然是有可能的。但是，過去並不一定是前世，當下的前一秒、前一刻就已經是過去。所以，現今遭受到的苦難，除了可能是前世所造的惡業，也可能是今世之前所造的惡業所致。而未來的果報，除了可能發生在來世，也可能發生在今世不久。

我們對於惡業及善業，要有完整而正確的了解，必須同時考慮「過去、現在、未來」的時間三態，以及「因、緣、果、報」的多元因素，形成所謂「三世因緣果報」。才能停止造作惡業，而積極地造作善業。惡業的惡性循環，是由於過去無明迷惑的「因」（起因），加上染汙受蘊、想蘊的「緣」（條件），造成現在染汙行蘊、識蘊的「果」（結果），產生未來苦報並增長迷惑的「報」（效應）。相反地，善業的良性循環，是由於過去明瞭覺知的「因」，加上清淨受蘊、想蘊的「緣」，造成現在清淨行蘊、識蘊的

「果」，產生未來樂報並增長覺知的「報」。惡業及善業的循環，都會形成慣性的力量，稱為「業力」。惡業力會造成生死輪轉，而受苦報；善業力則可以了脫生死，而得樂報。三世因緣的果報與善惡業力關係，詳如表五。

表五：三世因緣果報與善惡業力

三世因緣果報		惡業	善業
過去	因（起因）	無明迷惑	明瞭覺知
現在	緣（條件）	染汙受、想	清淨受、想
	果（結果）	染汙行、識	清淨行、識
未來	報（效應）	苦報	樂報

三世因緣果報的思考模式，重在逐步的層次推論與因果關係，而不是淺薄簡省的思想。保持分析及反思，會有深思的收穫，積極地面對問題，並解決問題。在生活上，遇到困難而苦惱時，很多人求神問卜，怪罪於運氣不

好，或是歸咎於前世業障；這樣不但不能徹底解決問題，並且已落入錯誤的因果思考。應該採取「三世因緣果報」的反思，為何自己遇到困難，會感到苦惱或憂愁？先從「因」開始分析，覺得困難是在於自己能力或智慧無法發揮而有阻礙，原因在於錯誤言行及思想習慣所導致。業障有可能是前世過去造成，也有可能是今世之前產生的障礙，起因都在於無明迷惑。其實，遇到困難正好是提昇能力和學習智慧的機會，並不需要感到苦惱。要反思現在的「緣」，是不是想法上不願面對困難，有不舒服的感受，即染汙的受蘊、想蘊。如果不懂得及時剎車，造成的「果」，會使得情緒不安、心識退卻，即染汙的行蘊、識蘊。產生「報」的效應，會在現世及來世的未來，持續讓身心苦惱。

我們應該練習在當下面對困難，運用正確思考模式，發揮自己的能力，設法解決問題，智慧也可以持續學習和成長。切莫凡事推給運勢或業障，淺薄而不深入分析的思想習慣，才真是累世帶來的障礙，會讓我們造惡業，受苦報。從另外一個面向來看，在事業上，要能夠順利成功，也應該採取三世因緣果報的思考模式。從「因」開始發揮每個人都具有的覺知能力，這是前世過去或今世之前所累積的。運用現在的「緣」，讓自己的心念可以專注聚焦，清楚工作上的感受及想法，即清淨的受蘊、想蘊。造成的「果」，會使得情緒穩定、心識勇猛，即清淨的行蘊、識蘊。產生「報」的效應，會在現世及來世的未來，發揮潛力及智慧，讓事業可以順利而永續的發展。有了深入分析因果的思想習慣，會讓我們造善業，受樂報。完整的業報觀念，是抱持努力的態度，保持向上的動力；不要把挫折想得太嚴重，失敗就重頭再來，只要在過程中繼續前進，自然有圓滿的成果。

從三世因緣果報與善惡業力的分析，可以清楚地知道——造惡業會受苦報，造善業會受樂報。佛陀在《中阿含經．心品》中，明確地告訴阿難尊者：身、口、意惡行，必定受到苦報；而身、口、意妙行，必定受到樂報。這是在說明「善有樂報，惡有苦報」的道理。譬如，我們行善助人，對方不一定有良善的回應，但助人會讓內心快樂，即是善有樂報。我們作惡傷人，不一定會受到法律制裁，但內心會有疚責痛苦，即是惡有苦報。

阿難！若身惡行，口、意惡行，受樂報者，終無是處。阿難！若身惡行，口、意惡行，受苦報者，必有是處。阿難！若身妙行，口、意妙行，受苦報者，終無是處。若身妙行，口、意妙行，受樂報者，必有是處。

由此可知，佛教對善惡的定義，其實是「引樂為善，引苦為惡」。會帶來長遠的快樂，才是善；而會帶來長遠的痛苦，就是惡。例如，美食縱欲得到暫時享樂，從長遠來看，卻會帶來痛苦，其實是惡。精勤工作會感到當下辛苦，但從長遠來看，會帶來快樂，其實是善。眾生累世以來所造的業，多到無法計量。但是善惡業力，會彼此消長；惡業強則善業弱，善業強則惡業弱，大可不必擔心過去做了多少惡業，重要的是現在能夠多作善業；善業增長惡消就減損，自然會有長遠快樂的果報。我們採取三世因緣果報的思考模式，正確認識善惡因果的道理，在日常生活、家庭婚姻、人際關係，以及工作事業，都可以獲得安穩快樂。

三、聖道解脫與證果位

聖道的修行如同世間的工作與任務，先要有準備的步驟，稱為「前行」。要學習「增上善學」，正確地了解善惡因果，避免落入邪見（常見及斷見），再學習「增上信學」，經由聞、思、修佛法，斷除邪見、邪戒與懷疑（三結），產生對佛、法、僧及戒的堅固信心（四不壞信），才能開悟見道。

接著，進入正式的工作步驟，稱為「正行」。此時，聖道的修行，就從見道進入正式的修道，先學習「增上戒學」，清淨身、口、意三業，對言行能小心謹慎，生起正念；有了正念的能力，再學習「增上定學」，藉由止禪專注及觀禪觀想，讓身心逐漸穩定，得到正定；有了正定的能力，再學習「增上慧學」，觀照無常、無我，體證空性智慧，發揮正道智。以智慧力斷除貪、瞋、癡根本煩惱，滅苦而得解脫。最終，修學圓滿畢業，成就無學位，證入阿羅漢果，並證得阿羅漢的解脫知見。聖道的修學次第，每個步驟環環相扣，循序增上，才能達成每階段的修道成果。

以下分為聖道前行及聖道正行等兩個步驟，詳細說明每個修道階段的學習重點，以助實踐聖道。

（一）聖道前行步驟

1.增上善學

佛陀在《中阿含經．七法品》的《水喻經》以譬喻的方式，提出七種人的善惡因果關係；告訴比丘只有斷惡修善，才能到達解脫的彼岸。沉淪於不善法，就猶如溺水受難。修學並安住於善法，才能出水得救。《水喻經》的譬喻，除了說明七種善惡因緣和七種苦樂果報狀態之外，還說明了聖道修學的過程，以及所需的共同基礎。

爾時，世尊告諸比丘：「我當為汝說七水人。諦聽，諦聽！善思念之。」時，諸比丘受教而聽。佛言：「云何為七？或有一人常臥水中；

或復有人出水還沒；或復有人出水而住；或復有人出水而住，住已而觀；或復有人出水而住，住已而觀，觀已而渡；或復有人出水而住，住已而觀，觀已而渡，渡已至彼岸；或復有人出水而住，住已而觀，觀已而渡，渡已至彼岸，至彼岸已，謂住岸人。如是，我當復為汝說七水喻人。諦聽，諦聽！善思念之。」

七種苦樂狀態中，第一種沒溺於水，是墮落三惡道受苦；第二種出頭還沒入水，是在三惡道和三善道之間輪迴；第三種出水遍觀四方，是在苦樂參半的三善道受報；第四種出水住，斷三結（身見結、戒取結、疑結），證須陀洹果，再經七次生死，就可徹底離苦得樂；第五種出水欲至彼岸，斷三結以外，貪、瞋、癡漸薄漸離，證斯陀含果，一次生死後可以斷苦得樂；第六種已至彼岸，斷五下分結，即斷欲界的貪、瞋、身見、戒取、疑等煩惱，證阿那含果，不再來世間生死受苦；第七種至彼岸成梵志，斷五上分結，即斷色界及無色界的色愛、無色愛、掉、慢、無明等煩惱，成就阿羅漢果，不受後有，徹證涅槃得永恆快樂。

七水喻人的善惡因緣和苦樂果報，內容摘自阿含部別譯的《鹹水喻經》，整理如表六。

表六：七水喻人的善惡因果

類別	譬喻	善惡因緣	苦樂果報
初水喻人	沒溺於水	不善法盡纏裹身。	純罪熟至地獄，三惡道果報。
第二水喻人	出頭還沒入水	有信於善法，懷慚愧，求其方便。	三善道果報。
第三水喻人	出水遍觀四方	有信於善法，有慚愧，有勇猛意。	三善道果報。
第四水喻人	出水住	有信於善法，有慚愧，有精進。	三結使盡，成須陀洹。
第五水喻人	出水欲至彼岸	有信於善法，有慚愧，有勇猛意。	盡三結使，貪瞋癡薄，成斯陀含。
第六水喻人	已至彼岸	有信於善法，有慚愧，有勇猛意。	盡五下分結，成阿那含。

第七水喻人	至彼岸成梵志	有信於善法，有慚愧，有勇猛意。	盡五上分結，成阿羅漢。

另外，《中阿含經．水喻經》還說明了聖道修學的過程，就是要循序漸進地斷除種種煩惱和執著，可以得到解脫涅槃的聖果。先要斷除三種錯誤的觀念和見解，斷三結可以成就初果；再漸離貪、瞋、癡等三毒，可以成就二果；接著再斷除欲界的五種煩惱，斷五下分結可以成就三果；最終斷除色界及無色界的五種執著，斷五上分結可以成就四果。

然而，要達成解脫涅槃的結果，在因地上需具備三個條件和基礎：

(1)信於善法：對於善惡因緣和苦樂果報，要能了解及分別。

(2)有慚有愧：對於不能解脫煩惱執著的不足，要心懷歉疚慚愧。

(3)精進勇猛：對於斷除煩惱執著，要持續不懈地改進。

由此可知，聖道修學所需的預備基礎，有三種善學：一是了別善惡，二是有慚有愧，三是精進勇猛，這是聖道修學善行的起點，可以產生對佛法的基本信心，了解善惡因果，並開始斷惡修善，稱為「增上善學」。這樣的尋道過程，就進入了聖道前行的「外凡位」，雖是尚未成聖的凡夫，已能了別善惡、知慚愧、能精進，惟仍在正法真理之外，而名為外凡。

2. 增上信學

《雜阿含經．八四三經》中，佛陀告訴舍利弗尊者，有四種預備進入正式修學八聖道的序流或前行，稱為「四入流分」。⑴要先親近善男子去學習，⑵要聽聞正確的佛法，⑶要再如理而正確地思惟，⑷要向佛法的方向實修。這四種入聖賢之流的學習，可以增長對佛陀、佛法、僧眾、持戒的信心，而成就「四不壞信」，就是對佛、法、僧、戒有著堅固不壞的信心，才能接著正式修學八聖道及三增上學（持戒、禪定、智慧）。

佛告舍利弗：「如汝所說，流者，謂八聖道。入流分者有四種，謂親近善男子、聽正法、內正思惟、法次法向。入流者成就四法，謂於佛不壞淨、於法不壞淨、於僧不壞淨、聖戒成就。」

建立堅定信心的聖道前行，要具備四種入流分：⑴親近善士，⑵聽聞正法，⑶內正思惟，⑷法次法向，稱為「增上信學」，分別說明如下。

⑴親近善士：《增壹阿含經．九眾生居品》中，佛陀告訴阿難尊者，由於他自己過去親近善知識，而得遇燈光佛授記，最後能成就無上正等正覺。如果善男子、善女人能夠親近承事善知識，可以增益信根，具備聽聞、布施的智慧福德。就像快滿月時，光明亮度倍增。

> 阿難！若善男子、善女人與善知識共從事者，信根增益，聞、施、慧德皆悉備具。猶如月欲盛滿，光明漸增，倍於常時。此亦如是，若有善男子、善女人親近善知識，信、聞、念、施、慧皆悉增益。

⑵聽聞正法：《雜阿含經．三四六經》中，佛陀在王舍城迦蘭陀竹園，告訴諸比丘，要有慚愧心，才會精進不放逸，接著親近善知識，樂於從善知識那裡聽聞佛法，並且正確地思惟經教義理，而產生堅固的信心，不執著身

見、戒取、疑惑，也就是斷除身見結、戒取結、疑結等三結，再遠離貪欲、瞋恚、愚癡，最終能斷老、病、死等苦。

以慚愧故不放逸，不放逸故恭敬順語、為善知識，為善知識故樂見賢聖、樂聞正法、不求人短，不求人短故生信、順語、精進，精進故不掉、住律儀、學戒，學戒故不失念、正知、住不亂心，不亂心故正思惟、習近正道、心不懈怠，心不懈怠故不著身見、不著戒取、度疑惑，不疑故不起貪、恚、癡，離貪、恚、癡故堪能斷老、病、死。

(3)內正思惟：《雜阿含經．雜因誦品》中，佛陀告訴諸比丘，切莫做世間貪著煩惱的思惟，因為它不會帶來義理的饒益，不會帶來佛法和梵行的饒益。世間法的思惟不會增長智慧、覺性，也不隨順於解脫涅槃的方向。應該做正確的思惟，就是要思考苦聖諦、苦集聖諦、苦滅聖諦、苦滅道跡聖諦等「四聖諦」。這樣地思惟，才會帶來義理、佛法和梵行的饒益；才會增長智慧、覺性，而隨順於解脫涅槃的方向。

汝等比丘慎莫思惟世間思惟。所以者何？世間思惟非義饒益，非法饒益，非梵行饒益，非智、非覺，不順涅槃。汝等當正思惟：「此苦聖諦、此苦集聖諦、此苦滅聖諦、此苦滅道跡聖諦。」所以者何？如此思惟則義饒益、法饒益、梵行饒益，正智、正覺、正向涅槃。

⑷法次法向：《雜阿含經》卷十四中記載，佛陀在舍衛國祇樹給孤獨園，告訴諸比丘，如果比丘能夠修行聖道，隨順於解脫法的方向，對於生、老、病、死等三界六道輪轉的苦，可以生厭、離欲、滅盡，稱之為「法次法向」，就是依法修行。

若比丘於老、病、死，生厭、離欲、滅盡向，是名法次法向。如是生，乃至行，生厭、離欲、滅盡向，是名法次法向。諸比丘！是名如來施設法次法向。

圖三：聖道修學次第步驟

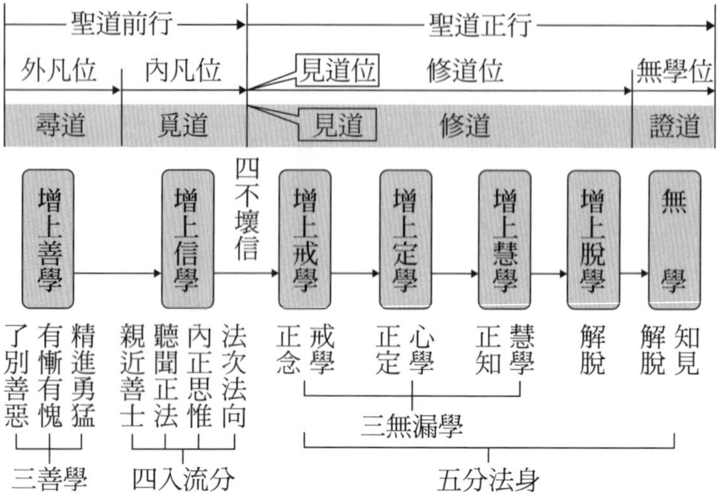

以上這四種建立堅定信心的聖道前行，即是「四入流分」：親近善士、聽聞正法、內正思惟、法次法向；後三分則是聞、思、修等「三慧」。這樣的覓道過程，就進入了聖道前行的「內凡位」，雖是尚未成聖的凡夫，已能了別善惡，並能如理如法思惟修行，漸漸入正法真理之內，名為內凡。四種入流分可以增上「四不壞信」：對佛不壞信、對法不壞信、對僧不壞信、對戒不壞信；對佛、法、僧、戒有著堅固不壞的信心，稱為「增上信學」。詳如圖三。

具足「四不壞信」，可以斷除身見結、戒取結、疑結等三結，證入須陀洹果，即「見道位」。接著進入聖道的正式修學，即「修道位」。由於對三寶及戒律的堅固信心，開始修學持戒，即「增上戒學」；進而修學禪定，即「增上定學」；再修學智慧，即「增上慧學」。這些增上的修學，環環相扣而依序增長，是最重要的次第步驟。最終，以智慧斷除煩惱執著而證解脫，即「正解脫學」，由體證解脫而達到圓滿的解脫智慧，便稱為「解脫知見」。

戒、定、慧、解脫、解脫知見等五項，是成就法身的步驟，稱為「五分法身」。至此，聖道的修學過程，就從尋道、覓道、見道、修道而證道，達到了無學位，即修學圓滿，無需再學。

（二）聖道正行次第

具備了「增上善學」及「增上信學」的聖道前行，具足了「三善學」：

信於善法、有慚有愧、精進勇猛，對於善惡因果有正確的了解，慚愧於惡行，開始精勤修學善行。再進入「四入流分」：親近善士、聽聞正法、內正思惟、法次法向的學習，而達成「四不壞信」：對佛、法、僧、戒等四者，有著堅固不壞的信心，而證入見道位（初果）。由於對戒律也建立了堅固的信心，可以進入修道位（二果至三果），開始正式修學「增上戒學」、「增上定學」、「增上慧學」等三學。最終達到無學位（四果），證得「正解脫學」與「解脫知見」，成就「五分法身」。

完整的聖道前行及正行次第，包含：前行的「增上善學」、「增上信學」，以及正行的「增上戒學」、「增上定學」、「增上慧學」等五個次第步驟。修學的內容，則以「八正道」為主。《雜阿含經》卷十三記載，先修學正見、正志、正方便、正念、正定、正語、正業、正命等八項聖道圓滿清淨，再擴充至四念處、四正勤、四如意足、五根、五力、七覺分等，共有三十七種；都是通向涅槃道路的資糧，稱為「三十七道品」或「三十七菩提分法」。

作如是知、如是見者，名為正見修習滿足，正志、正方便、正念、正定，前說正語、正業、正命清淨修習滿足，是名修習八聖道清淨滿足。八聖道修習滿足已，四念處修習滿足，四正勤、四如意足、五根、五力、七覺分修習滿足。

三十七道品可以分為七大類，包括：四念處、四正勤、四神足、五根、五力、七覺分、八正道等三十七項。詳如表七。

表七：三十七道品修學內容

類別	修學內容
1. 四念處	又作四念住。⑴身念處，觀此色身皆是不淨。⑵受念處，觀苦樂等感受悉皆是苦。⑶心念處，觀此心念意識，生滅無常。⑷法念處，觀諸法因緣生，無自主自在之性，是為諸法無我。
2. 四正勤	又作四正斷。⑴已生惡令永斷。⑵未生惡令不生。⑶未生善令生。⑷已生善令增長。

3. 四神足	又作四如意足。⑴欲如意足，希慕所修之法能如願滿足。⑵精進如意足，於所修之法，專注一心，無有間雜，而能如願滿足。⑶念如意足，於所修之法，記憶不忘，如願滿足。⑷思惟如意足，心思所修之法，不令忘失，如願滿足。
4. 五根	根即根本，五根能生一切善法。⑴信根，篤信正道，能生無漏禪定解脫。⑵精進根，修於正法，無間無雜。⑶念根，心念聚焦正法，記憶不忘。⑷定根，攝心不散，身心寂定。⑸慧根，觀照諸法，清楚明瞭。
5. 五力	力即力用，能破惡成善。⑴信力，信根增長，能破諸疑惑。⑵精進力，精進修學，能破身心懈怠。⑶念力，念根增長，能破諸邪念，成就正念功德。⑷定力，定根增長，能破諸亂想，發諸禪定。⑸慧力，慧根增長，能遮止三界見思之惑。
6. 七覺分	又作七覺支。⑴擇法覺分，能揀擇諸法之真偽。⑵精進覺分，修諸道法，無有間雜。⑶喜覺分，契悟真法，心得歡喜。⑷除覺分，能斷除諸見煩惱。⑸捨覺分，能捨離所見念著之境。⑹定覺分，能覺了所發之禪定。⑺念覺分，能思惟所修之道法。
7. 八正道	又作八聖道。⑴正見，能見真理。⑵正志，如理思惟無邪想。⑶正語，言無虛妄。⑷正業，住於清淨善業。⑸正命，依法乞食活命。⑹正方便，修諸道行，能無間雜。⑺正念，能專心憶念善法。⑻正定，身心寂靜，正住真空之理。

將三十七道品依五個增上學做次第開展，可以得到完整的聖道修行導航地圖。只要按照地圖的方向，以「八正道」做為主要的道路，從起點循序前進，就可到達解脫涅槃的目的地。「增上善學」是第一階段行程，正見是起點，要有正確的善惡因果觀念，以及信於善法、有慚有愧、精進勇猛等三種善學。第二階段行程是「增上信學」，正志是主要路段，要具足親近善士、聽聞正法、內正思惟、法次法向等四種入流分。此階段行程有信根、信力做為加油站，增進對佛、法、僧、戒的四不壞信。第三階段行程是「增上戒學」，有正語、正業、正命、正方便、正念等五個路段，要能精勤持戒，身、口、意謹慎小心，心念可以聚焦專注。此階段行程中，正方便的路段有進力、進根、四正勤等加油站，正念的路段有念根、念力、四念處、七覺支做為加油站。第四階段行程是「增上定學」，正定是主要的路段，有定根、定力、四神足、七覺支等加油站。第五階段行程是「增上慧學」，正道智是主要的路段，有慧根、慧力做為加油站。

聖道行程的目的地是「正解脫」及「正果智」，但分為四個層次的解脫

圖四：三十七道品導航地圖

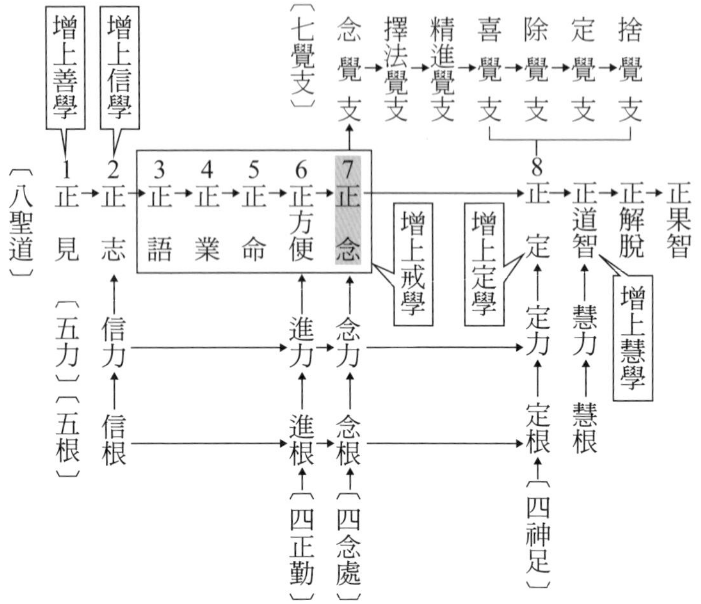

及解脫知見，第一個層次是證須陀洹果（初果），得須陀洹果智。第二個層次是證斯陀含果（二果），得斯陀含果智。第三個層次是證阿那含果（三果），得阿那含果智。第四個層次是成就阿羅漢果（四果），得阿羅漢果智，到達涅槃的終點站。詳如圖四。

從聖道修行地圖全貌來看，「正念」在整個地圖的核心，前面有正見、正志、正語、正業、正命、正方便做為基礎，往後才能增長正定、正道智、正解脫、正果智。「正念」也是增上戒學的重心，由於精勤持戒，身、口、意謹慎小心，心念可以聚焦專注。心念可以專注，再訓練其穩定性，就可以增長「正定」。身心穩定可以發揮智慧，增長「正道智」；再以智慧斷除煩惱執著，達到「正解脫」；最終成就「正果智」。由此，從整體可以看出解脫道的重點，在於「以正念為核心、戒定慧為主軸」。

（三）修證解脫果位

掌握了正念的核心，修學戒、定、慧的主軸，可以體證解脫的果位。《雜阿含經》卷二十九中，佛陀在舍衛國祇樹給孤獨園，告訴諸比丘「戒定慧三學」的修證因果。三學的修學，要戒、定、慧相互增長，從「增上戒學」開始修學，漸漸在禪定及智慧也會產生增上利益。對於細微戒律，有所違犯也要隨時悔改。比丘若能隨順梵行、饒益梵行、久住梵行，如是比丘戒堅固、常住、隨順於持戒，受持並學習做好各種戒相。斷除了身見、戒取、疑等三結，得須陀洹果，可以不墮惡趣，決定正趣三菩提得解脫，再經七次天上或人間受生，最終究竟離苦。

謂比丘重於戒，戒增上，不重於定，定不增上，不重於慧，慧不增上；於彼彼分細微戒，犯則隨悔。所以者何？我不說彼不堪能，若彼戒隨順梵行、饒益梵行、久住梵行，如是比丘戒堅固、戒師常住、戒常隨順生，受持而學。如是知、如是見，斷三結，謂身見、戒取、疑。斷此三結，得須陀洹，不墮惡趣法，決定正趣三菩提，七有天人往生，究竟苦邊，是名學增上戒。

「增上意學」（即增上定學）修學禪定止觀，身心穩定可以冷靜思考觀察，以初步智慧力，斷除身見、戒取、疑、貪欲、瞋恚等五下分結，證得阿那含果，不再還來此世受生，盡此報身後徹底離苦得樂。

如是知、如是見，斷於五下分結，謂身見、戒取、疑、貪欲、瞋恚。斷此五下分結，受生般涅槃，阿那含，不還此世，是名增上意學。

比丘能得持戒及禪定，逐步地增上智慧，稱為「增上慧學」。以智慧力斷除色界及無色界的色愛、無色愛、掉、慢、無明等五上分結，達到欲有漏心解脫、有有漏心解脫、無明有漏心解脫。成就阿羅漢果，得阿羅漢的解脫知見，就是「我生已盡，梵行已立，所作已作，自知不受後有」，從此不再三界受生，徹底從生死輪轉中解脫出來。

是比丘重於戒，戒增上，重於定，定增上，重於慧，慧增上。彼如是知、如是見，欲有漏心解脫、有有漏心解脫、無明有漏心解脫，解脫知見：「我生已盡，梵行已立，所作已作，自知不受後有。」是名增上慧學。

聖道解脫及解脫知見分為四個層次，要證須陀洹果，必須斷除身見、戒取、疑等三結，得須陀洹果智，也就是斷三結的體證智慧。到達初果的聖者，截斷了生死的根源，不會墮入惡趣，再多也不過七番生死，一定會到達究竟解脫。要證斯陀含果，必須斷三結並且漸薄漸離貪、瞋、癡，可以得斯陀含果智，也就是斷三結、薄貪瞋癡的體證智慧。到達二果的聖者，不但不會墮入惡趣，再多也只有一番生死就能解脫。要證阿那含果，必須斷除欲界的貪、瞋、身見、戒取、疑等五下分結，得阿那含果智，也就是斷五下分結的體證智慧。證得三果的聖者，如死後上生，就在天上入涅槃，不會再來人間了。要成就阿羅漢果，必須斷除色界及無色界的色愛、無色愛、掉、慢、無明等五上分結，可以得阿羅漢果智，也就是斷五上分結的體證智慧。證得四果的聖者，應受尊敬供養，依修聖道求解脫的過程來說，這是最究竟果位。整理為表八。

表八：聖道解脫及解脫知見對照

正道智	正解脫	正果智（解脫知見）
須陀洹道智	斷三結，即身見、戒取、疑。	須陀洹果智（斷結而證須陀洹果的智慧）
斯陀含道智	斷三結，即身見、戒取、疑；並薄貪、瞋、癡等三毒。	斯陀含果智（斷結而證斯陀含果的智慧）
阿那含道智	斷於五下分結，即貪、瞋、身見、戒取、疑。	阿那含果智（斷結而證阿那含果的智慧）
阿羅漢道智	斷除五上分結，即色界及無色界的色愛、無色愛、掉、慢、無明。	阿羅漢果智（斷結而證阿羅漢果的智慧）

要得到修證的果位，主要看斷煩惱結使的程度，整個聖道修學的次第步驟，就是以智慧斷除煩惱執著的過程。所以，我們必須清楚了解煩惱結使的狀況，才能逐步斷除。以下就聖道解脫所需對治，與斷除的煩惱及執著，詳細說明如下：

1.三結

⑴身見結：即邪見，有六十二種錯誤的觀念見解，主要是常見及斷見二大類。

⑵戒取結：即邪戒，錯誤的戒行。例如，牛戒的學牛吃草，雞戒的學雞獨腳站立，狗戒的學狗看門，以及各種苦行等。

⑶疑結：即懷疑不信，不相信善惡因果，不相信修道可以解脫。

2.三毒

⑴貪欲：取著之心名為「貪」。以迷心對於一切順情之境，引取無厭之毒。

⑵瞋恚：恚忿之心名為「瞋」。以迷心對於一切違情之境，生起忿怒之毒。

⑶愚癡：迷闇之心名為「癡」。心性闇鈍迷於事理之法者，愚昧無明之毒。

3.五下分結

又稱「五順下分結」，下分是三界的下位，指欲界的意思，這五種結都是欲界的煩惱，因此稱為五下分結。

(1)貪結：貪欲之煩惱。

(2)瞋結：瞋恚之煩惱。

(3)身見結：我見之煩惱。

(4)戒取結：取執非理邪戒之煩惱。

(5)疑結：狐疑不信諦理之煩惱。

4.五上分結

又名「五順上分結」，上分是指色界與無色界，這五結的煩惱分屬色界與無色界，因此稱為五上分結。

(1)色愛結：貪著色界五妙欲樂之煩惱。

(2)無色愛結：貪著無色界禪定境界之煩惱。

(3)掉結：上二界（色界、無色界）眾生心念掉動而退失禪定之煩惱。

(4)慢結：上二界眾生恃自凌他憍慢之煩惱。

(5)無明結：上二界眾生癡闇之煩惱。

依序斷除三結、三毒、五下分結、五上分結，可以證須陀洹果、斯陀含果、阿那含果，乃至阿羅漢果。比丘證得阿羅漢，可以區分為「慧解脫」及「俱解脫」二種。單靠智慧證得阿羅漢，稱為「慧解脫」；禪定及智慧都具足的阿羅漢，稱為「俱解脫」。阿羅漢能斷除三界煩惱結使，可以滅諦現證「有餘涅槃」。捨此報身，後世苦果永不相續，則證入「無餘涅槃」，徹底滅苦得樂。

〈第三篇〉

禪修的道次第

《阿含經》的修道次第，可以說是大、小乘諸經中，最為明確和詳盡的。佛陀在《中阿含經．習相應品》中，把戒、定、慧三學，用十二個步驟來說明修行的次第步驟，以及相互增上的原理與成效。

「增上戒學」是護戒、不悔、歡悅等三個步驟，持戒的增上原理在於因護戒而無後悔的言行，身心就會歡悅。「增上定學」則有喜、止、樂、定等四個步驟，禪定的增上原理在於持戒的歡悅，產生內心的喜悅，心念更能夠專注，生理就會輕安快樂，而達成身心的穩定。「增上慧學」有見如實、知如真、厭、無欲、解脫等五個步驟，智慧的增上原理在於禪定的身心穩定，能夠見到實相，了解真相，厭離煩惱執著，沒有欲求，最終可以滅苦解脫而徹證涅槃。

另外，佛陀在「增上戒學」的修行重點，採用四念處的方法，達到正念的效果。在「增上定學」的修行細節，採用十六勝行的方法，達到正定的效果。而在「增上慧學」的修行重點，採用七清淨的方法，先達到入果位的正果智，再達到住果位的正道智的成果。後續的篇章再詳細說明。

爾時，世尊告諸比丘：「若比丘多忘無正智，便害正念正智；若無正念正智，便害護諸根、護戒、不悔、歡悅、喜、止、樂、定、見如實、知如真、厭、無欲、解脫；若無解脫，便害涅槃。若比丘不多忘有正智，便習正念正智；若有正念正智，便習護諸根、護戒、不悔、歡悅、喜、止、樂、定、見如實、知如真、厭、無欲、解脫；若有解脫，便習涅槃。」

對比於《阿含經》，佛陀在大乘經教對於戒、定、慧三學增上次第的說明，大都較為簡略，而著重於止觀雙運、定慧等持的各種三摩提（三昧）修學。例如，大乘佛法《楞嚴經》只簡單提到因戒生定、因定發慧的兩個步驟，而大篇幅地介紹各種圓通三昧法門。《金剛經》也主要在介紹離相破相的金剛三昧法門；《華嚴經》則把戒、定、慧三學融攝在十波羅蜜多的修行步驟之中，主要的內容在說明步步成佛的華嚴三昧法門。佛陀在大、小乘經教，都強調戒、定、慧三學的重要性，而在《阿含經》對小乘聲聞眾，詳細說明「增上戒學」、「增上定學」、「增上慧學」三個階段與十二個步驟；而在大乘經教對菩薩眾則採取較簡略的解脫，可知《阿含經》的道次第，就是大乘佛法及小乘佛法的共法，而《阿含經》更是所有大乘經教的基礎。

一、增上戒學與四念處

（一）戒律主要涵義

根據《中阿含經》記載，佛陀在舍衛國勝林給孤獨園，告訴諸比丘，若比丘要逐級增上修學正念、正定、正智，就要先學習「增上戒學」，經過護戒、不悔、歡悅等三個步驟，因護戒而無後悔的言行，身心會歡悅；而且，因持守戒律，言語和行為都小心謹慎，而使心命能夠聚焦，產生正念，繼而增上禪定與智慧，達到正定與正智。由此可知，增上戒學是修道的開始。

1. 戒律的內含

戒（sīla）梵語音譯為尸羅，意指行為、習慣、道德等。凡善惡習慣制訂成規範，令個人遵守者，稱之為「戒」。佛教的戒規分為出家戒及在家戒，對個人有防非止惡的功用，分別適用於僧、俗二眾。出家戒又稱為「聲聞戒」，包括比丘戒、比丘尼戒、沙彌戒、沙彌尼戒等；在家戒包括五戒、八關齋戒、菩薩戒等。

律（vinaya）梵語音譯為毘奈耶，意指調伏、離行、善治等。為了僧團和合共處，所制訂的團體規約。出家僧眾在僧團中，如犯惡行則派代表加以勸誡，再犯則施以處罰，這些僧伽團體共同的規定，稱為「律」。出家戒附有治罰與懺罪的方法，讓出家僧眾可以改過向善，持續學習及增長。

出家戒是為追求解脫的聲聞眾而制訂的，又稱為聲聞戒。佛陀成立僧團後，只告訴大家略戒：「善護於口言，自淨其志意，身莫作諸惡，此三業道淨，能得如是行，是大仙人道。」並未制訂詳細的廣戒，隨著道場人員增多，僧團出現惡行，佛陀才召集羯磨會議共同制戒，稱為「隨犯隨制」。未制戒之前，則不算犯戒，稱為「未制不犯」。這是聲聞戒的特點，與預先制訂廣律的菩薩戒有所不同。

《四分律》記載出家戒的比丘戒有二百五十條，而比丘尼戒有三百四十八條。為何比丘尼戒的戒法條數會比比丘戒多呢？這是由於出家戒是「隨犯隨制」，在當時因比丘不當言行制了二百多條戒，因比丘尼不當言行制了三百多條戒。男女眾戒條數量不同，並不是佛陀有所偏袒，或是男女不平等，而是當時僧團發生了事件，制戒來解決問題的實際紀錄。

2.善戒與不善戒

依據《中阿含經．心品》中的記載，佛陀說明善身業、善口業、善意業，不能只有身和口持戒，善戒必須從內心生起，內心無欲、無恚、無癡，善戒就會從心而生。由此可知，佛教的戒律，內在心念要袪除貪欲、瞋恚、愚癡，外在行為要表現出清淨的身業、口業、意業。身心內外同時斷惡修善，斷除煩惱執著，才是善戒。

> 云何善戒耶？善身業，善口、意業，是謂善戒。物主！此善戒從何而生？我說彼所從生，當知從心生。云何為心？若心無欲、無恚、無癡，

當知善戒從是心生。

《長阿含經．龍鳥品》中，佛陀告訴諸比丘，有些錯誤的持戒，外表學習動物的行為或是苦行，內心不能祛除貪欲、瞋恚、愚癡，命終反而會墮入三惡道。這些錯誤的邪戒包括：龍戒、金翅鳥戒、兔梟戒、狗戒、牛戒、鹿戒等。這些錯誤的邪行包括：瘂戒、摩尼婆陀戒、火戒、月戒、日戒、水戒、供養火戒、苦行穢汙法等。這些外道修行者，受持此瘂法、摩尼婆陀法、火法、日月法、水法、供養火法、諸苦行法，以為可以生天，反而墮入惡道。這些邪戒及邪行，源自於錯誤的邪見，其實都是不善戒。

若有眾生奉持龍戒，心意向龍，具龍法者，即生龍中。若有眾生奉持金翅鳥戒，心向金翅鳥，具其法者，便生金翅鳥中。或有眾生持兔梟戒者，心向兔梟，具其法者，墮兔梟中。若有眾生奉持狗戒，或持牛戒，或持鹿戒，或持瘂戒，或持摩尼婆陀戒，或持火戒，或持月戒，或持日戒，或持水戒，或持供養火戒，或持苦行穢汙法，彼作是念：「我持此瘂法、摩尼婆陀法、火法、日月法、水法、供養火法、諸苦行法，我持此功德，欲以生天。」此是邪見。

戒律的學習，先要區分善戒與不善戒。不善戒的因，會帶來墮落惡道受苦的果。善戒的因，可以帶來解脫快樂的果。從完整的「因、緣、果、報」來看，佛教的戒律，以斷惡修善為善因，清淨身、口、意三業為善緣，以現世祛除貪、瞋、癡三毒為樂果，引發後世的究竟解脫為樂報。能徹底離開六道受苦、長久得樂才是善戒，佛教戒律才是大眾必須受持學習的。

3. 戒門四科的學習

漢傳佛教的戒律由印度傳來，包括小乘的聲聞戒律，以及大乘的菩薩戒。唐代的道宣律師體察眾生根機，將印度傳來的小乘部律中，採納《四分律》做為出家僧人受持及學習的主要律典，並以大乘教義來解釋小乘律典，明其戒體，立其戒相，將大、小乘律藏統合起來，樹立漢傳佛教道場的生活軌範，開創出漢傳佛教的「四分律宗」。因道宣律師久居終南山，此宗後世稱為「南山律宗」，道宣律師則為律宗開祖。道宣律師所著作的《行事鈔》提出一切「戒」，都有「戒法」、「戒體」、「戒行」、「戒相」四科，這是依據佛教戒律的精神而分的。

(1)戒法：佛陀所制「波羅提木叉（別別解脫）戒」的法則，以解脫生死為目標，別別解脫戒是指受持個別的一條戒，就接近一分的解脫。整體的解脫戒法的途徑，由持戒增上諸禪定及智慧，最終斷煩惱得解脫，是免於沒溺苦海，出離生死的要道。

(2)戒體：領受戒法之後，內心生起持戒和學戒的意樂，產生一種樂於清淨戒行的意願。行者身心引發出學戒的清淨體性，可以本身覺照，自然守護身心，這是出生諸善行之起點，為戒律的根本精神。

(3)戒行：發得戒體之後，內心生起受持和學習清淨戒律的意樂，進行守護身、口、意三業清淨的如法行為，學習戒律的開、遮、持、犯，明瞭哪些行為是開緣的、哪些需要遮止等。學習好好地受持戒律，若有違犯則依懺罪法悔過改進。

(4)戒相：依據佛陀集僧所制訂的戒律條文，如《四分律》比丘戒有二百五十條戒，比丘尼戒有三百四十八條戒，沙彌及沙彌尼十條戒等，這些都是聲聞戒的戒相。讓大眾隨其持戒，成就威儀之行，做為身、口、意軌範的相狀。

完整的學習戒律的「戒法」、「戒體」、「戒行」、「戒相」四科，才能避免執著於「戒相」，而可運用樂意學戒的「戒體」，落實於日常生活的「戒行」，朝向解脫方向的「戒法」去增上前進。持戒能讓言語行為謹慎小心，心念專注聚焦可以產生「正念」，進而訓練心念的穩定而達成「正定」（禪定），心念穩定冷靜思考能發揮「正道智」（智慧），最終以智慧斷煩惱得「解脫」，成就「解脫知見」。由此可知，正確而完整的戒門四科的學習，不但是「三增上學」（增上戒學、增上定學、增上慧學）的基礎，也是成就「五分法身」（戒、定、慧、解脫、解脫知見）的重要起點。

4.大小乘戒律比較

聲聞戒的目標是自求解脫，以自利為主，希望自己趕快離苦得樂，相對於菩薩戒，通常歸為小乘戒律。菩薩戒的目標是自他解脫，能自利且能利人，希望一切眾生都離苦得樂，格局較宏大，通常歸為大乘戒律。小乘戒律主要攝受急於自我解脫的聲聞行者，大乘戒律主要攝受熱心助人的菩薩行者。小乘聲聞戒的特點是「隨犯隨制」與「未制不犯」，只要言行不會墮入惡道而障礙解脫，並不會預先做戒律上的要求。大乘菩薩戒則是諸佛如來為發心行菩薩道者做預先制訂，對難行能行、難忍能忍的度化眾生事業，要先有完整的心理準備。

小乘聲聞戒以自我解脫為導向，比較注重外在「戒相」的形式，以及操作「戒行」的細節。大乘菩薩戒以度化眾生為導向，比較注重內在「戒體」的意樂，以及實踐「戒法」的內涵。詳如表九。

以「殺生戒」為例，由於小乘聲聞戒的目標是自求解脫，故以殺人為重罪，殺畜生為輕罪，對戒律的形式及細節較為注重。因為殺人易遭人報仇殺害，會障礙解脫，故設為重罪；而殺畜生較不致遭到報仇殺害，故設為輕罪。然而，大乘菩薩戒的目標是自他解脫，要度一切眾生得解脫，不論殺人或殺眾生都結重罪，對於戒律的意樂及內涵較為注重。另外，菩薩戒允許在不得已的狀況，可以開緣為救眾生而殺，聲聞戒則無此種開緣。經論的故事，曾提及一個菩薩行者，在航行海上的商船中，偶然聽到惡人要搶劫並殺害船中的商人，於是先下手殺死惡人，以免商人受害，也免惡人造業。這種為救眾生而殺的行為，是不犯菩薩戒的。雖不犯戒，但殺生犯惡，菩薩卻願意代眾生受報，是菩薩利他精神的充分展現。

表九：大小乘戒律比較

項目	小乘戒律	大乘戒律
修學目標	自求解脫，自利為主。	自他解脫，自利利人。
攝受類別	聲聞道。	菩薩道。
制戒方式	隨犯隨制、未制不犯。	諸佛為菩薩行所預制。
四科著重	較注重外在「戒相」的形式，以及操作「戒行」的細節。	較注重內在「戒體」的意樂，以及實踐「戒法」的內涵。

另外，以「不食肉戒」為例，也可以看到大、小乘戒律明顯的差異。大乘菩薩戒的目標是自他解脫，要度一切眾生得解脫，當然不能食眾生肉、斷慈悲種。小乘聲聞戒的目標是自求解脫，以自利為主，專心致力於修行，飲食上採取拖鉢乞食，居士供養什麼就吃什麼，只要避免殺生，可食「三種淨肉」——不見殺、不聞殺、不為我殺。漢傳佛教自古以來，出家僧人兼受大、小乘戒律，於是形成素食的優良傳統。但必須了解蔬果也有生命，素食是降低生命傷害的飲食選擇，要真心感恩並珍惜供養我們的素菜蔬果。大、小乘戒律對於「戒法」、「戒體」、「戒行」、「戒相」四科，各有側重之處。漢傳佛教大、小乘戒律兼受，歷代祖師明其戒體，立其戒相，已將大、小乘律藏統合起來，我們要完整的學習戒律的四科，避免執著於持戒的形式，要發揮學戒對禪定及智慧的增上作用。以小乘聲聞戒做為基礎，而以大乘菩薩戒做為開展。

（二）增上戒學為師

1.設戒之目的

佛陀在《雜阿含經．八二六經》中，告訴諸比丘，為諸聲聞制戒的目的，以及學戒的十種利益：(1)攝取於僧，讓僧眾安住於道場。(2)令僧歡喜。(3)令僧安樂，「令僧歡喜」、「令僧安樂」合為極攝僧，讓僧眾得到歡喜與安樂。(4)未信者令信，可使未信佛法者有信心。(5)已信者增長，可使已信佛法者增長信心。(6)難調者調順，對於煩惱難調者得到調伏。(7)慚愧者安樂，對於知錯者得到改過。(8)斷現在有漏，斷除現在有漏煩惱的現行。(9)斷未來有漏，斷除未來有漏煩惱的發生。(10)正法久住，讓佛法及清淨梵行可以長久住世。如果比丘能夠堅固持戒、恆常行戒、受持學戒，個人可以得到修行大利益，也可讓佛教正法能夠久住於世間。

諸比丘！何等為學戒隨福利？謂大師為諸聲聞制戒，所謂攝僧，極攝僧，不信者信，信者增其信，調伏惡人，慚愧者得樂住，現法防護有漏，未來得正對治，令梵行久住。如大師已為聲聞制戒，謂攝僧，乃至梵行久住。如是如是學戒者，行堅固戒、恆戒、常行戒、受持學戒，是名比丘戒福利。

佛陀設戒的目的，除了讓比丘安住僧團而使佛法可以常久住世，同時也是個人修道得以解脫的重要開端。為使戒學能真正地增上禪定與智慧，戒律的持守，必須全套完整的學習，同時注重「戒法」、「戒體」、「戒行」、「戒相」等四科。

以「日中一食戒」為例，此戒即俗稱的「過午不食戒」。在「戒相」上，是每天從早上到正午，只吃中午一餐。不過，佛陀設制此戒的目的，不是讓行者忍飢挨餓，而是在飲食上學習少欲知足，以免長養貪欲。但同時必須飲食適量且營養均衡，才有體能從事修行。此戒的「戒體」是少欲知足，不貪著食物的美味與飽足。而實務上的「戒行」，則可以食用四種藥食。第一種稱為「時藥」，是早上明相現到正午，可使用的食物。第二種稱為「非時藥」，若因飢病等因緣，可以開緣在午後，飲用以流質為主的食物，例如果汁、乳、酪、漿等。第三種稱為「七日藥」，若病情嚴重，需要夠多的營養，可以使用高糖分、高蛋白的食物，但需在七日內食用，例如蜜、石蜜、酥油，生酥等。第四種稱為「盡形壽藥」，以根、莖、花、果等製成，用來治病的藥物，可以盡形壽使用，沒有時間上的限制。

此戒的「戒法」，從「增上戒學」開始，先學習「護戒」，對飲食少欲知足，每日只吃午餐。護戒就能「不悔」，不會因貪著飲食而感到內心後悔。不悔就能「歡悅」，飲食營養適當使身心健康歡悅。接著學習「增上定學」，身心歡悅修禪定就得「喜」，有法喜就可祛除沉浮而得「止」，停止沉浮散亂就可得「樂」，輕安快樂就可以得「定」。再來學習「增上慧學」，身心穩定則可以進行觀察，只接受食物的能量，但不貪著美味與飽足，會產生「見如實」、「知如真」的智慧。對食物生起「厭」、「無欲」，最終可斷除煩惱執著而得「解脫」。

2.懺悔與除罪

《增壹阿含經．不逮品》中記載，佛陀在羅閱城迦蘭陀竹園，告訴諸比丘，提婆達兜（提婆達多）由於愚癡心，貪著名聞利養，而造作五逆惡——殺父、殺母、殺阿羅漢、破和合僧、出佛身血。利養心重會敗人善本，令人造諸惡業，身壞命終後，墮入地獄中。如果有利養心起，要趕緊勤求滅除，切勿興起染著思想。由於提婆達兜的嚴重惡行，僧團起動「勸諫羯磨」。勸諫程序分為兩個階段，第一階段先派遣代表私下勸諫，以顧全當事人名譽，並確認惡行是否屬實，稱為「屏諫」。若對方拒絕接受，則進入第二階段的公開勸諫，召開羯磨會議，由僧團提出改過的建議，稱為「僧諫」。這種勸諫程序，完整地顧及人性及實務的各種層面。若對方仍拒絕接受，則進行後續的治罰或懺罪處理，除了原所犯惡行外，罪加一條違諫拒諫的戒罪。

僧團經過二個階段的勸諫，提婆達兜仍執迷不悟而拒絕接受，對於他的五逆惡行，僧團只好採取驅擯方式，將他逐出道場。當時有位比丘，對僧團的處理方式，向佛陀提出言語抗議。佛陀耐心地說明善惡因果的道理，並解說戒律的治罰或懺罪處理，是為了讓比丘知錯改過，斷除煩惱惡行了脫生死。那位比丘聽佛開示以後，頂禮佛陀說：「如來所說教理，是中道無二的真理，然因我自己的愚癡，而對世尊教說起猶豫猜想。希望世尊接受我的悔過，改過往惡行而修未來善行。」佛陀也安慰比丘，接受他的懺悔，並告誡爾後更莫作惡行。藉此因緣，佛陀以偈頌告誡大眾：「設有作重罪，悔過更不犯，此人應禁戒，拔其罪根原。」鼓勵大家即使犯了重罪，只要能悔過不再違犯，努力學習持戒，就可以將罪根徹底拔除。這突顯出懺悔與除罪的重要性，僧團也依罪相的輕重，逐步分類為「五篇七聚」的懺悔法。

> 爾時，彼比丘從坐起，整衣服，禮世尊足，白世尊曰：「今自悔過，唯願垂恕！愚癡所致，造不善行。如來所說，無有二言，然我愚癡，起猶豫想。唯願世尊受我悔過，改往修來。」乃至再三。世尊告曰：「善哉！比丘！悔汝所念，恕汝不及，莫於如來興猶豫想。今受汝悔過，後更莫作。」

《四分律》依戒罪的輕重，將戒條粗分為五個部分，稱之為「五篇」。包括：初篇「波羅夷」，第二篇「僧殘」，第三篇「波逸提」，第四篇「提舍尼」，第五篇「突吉羅」。若再加以細分，可分為七個部分，稱之為「七聚」。就是將第三篇「波逸提」分為捨墮、單墮二種；第五篇「突吉羅」分為惡作、惡說二種，加上原初篇、二篇及四篇，合為七種。詳如表十。

1. 波羅夷

波羅夷（pārājika）梵語義與「極惡」相當，如斷頭而不能再生，不復得為比丘。比丘有四戒，比丘尼有八戒。假如犯下任何一條，就會喪失比丘、比丘尼的資格，予以不共住，驅逐僧團的處罰，和刑法的死刑一樣，故說犯波羅夷者，如人斷頭，僅存軀幹不能復活。此又稱為「棄」，即拋棄於僧眾之外。波羅夷屬於極重罪，無懺悔法，需採驅擯治罰，直接驅逐出僧團。

2. 僧伽婆尸沙

僧伽婆尸沙（samghāvāśeṣa）梵語又譯為「僧殘」，「僧」為「僧伽」

表十：五篇七聚罪相比較

聲聞戒				
五篇	七聚	罪相	懺悔	除罪
1. 波羅夷	1. 波羅夷	極重罪	無懺悔法	驅擯
2. 僧伽婆尸沙	2. 僧伽婆尸沙	重罪	二十人僧中懺	摩那埵
3. 波逸提	3. 尼薩耆波逸提	中罪	四人僧中懺	出罪
	4. 波逸提	中罪	對首懺	出罪
4. 波羅提提舍尼	5. 波羅提提舍尼	輕罪	對首懺	出罪
5. 突吉羅	6. 惡作吉	微細罪	責心懺	無罪責
	7. 惡說吉			

之略，「殘」為「婆尸沙」之譯。比丘、比丘尼犯此罪瀕於死亡，僅有殘餘之命。因向僧眾懺悔此罪，以全殘命，故名僧殘。比丘有十三戒，比丘尼有十七戒。犯了僧殘中任何一戒，能接受僧團的救護，便不失為僧人的資格。僧殘屬於重罪，需於二十人僧中，舉行懺悔儀式，並施以摩那埵治罰，六日

六夜別住於他處，為眾僧行苦役，謹慎懺悔，令眾僧歡喜，才可以出罪。

3. 波逸提

波逸提（prāyaścittika）梵語意譯為「墮」，墮入惡道或地獄。波逸提分為「捨墮」與「單墮」二種，「捨墮」於懺罪時，為治罰對財物的貪著，需捨財或捨物的儀式，稱為捨墮；屬於中罪，需於四人僧中，舉行懺悔儀式，才能除罪。「單墮」則非財物貪著之犯罪，不需捨財或捨物，稱為單墮；屬於中罪，以對首懺可以出罪。比丘有捨墮三十戒，單墮九十戒，二種合而一百二十戒，比丘尼有二百零八戒。

4. 波羅提提舍尼

波羅提提舍尼（pratideśanīya）梵語意譯「向彼悔」。犯此戒時，需向他比丘對首懺悔，對一人懺罪，叫向彼悔。比丘有四戒，比丘尼有八戒。此戒屬於輕罪，以對首懺即可除罪。

5. 突吉羅

突吉羅（duṣkṛta）梵語意譯為惡作，通收身、口二業。突吉羅包括二不定法、百眾學法、七滅諍法，合有一百零九戒，比丘與比丘尼均相同。突吉羅戒屬於微細罪，以責心懺，發心改過即可。

「七聚」的分類，也可在五篇中加「偷蘭遮」，並將突吉羅惡作、惡說，區分為二，成為七種：⑴波羅夷、⑵僧伽婆尸沙、⑶偷蘭遮（包括初二篇之因罪，及五篇所不攝收的一些果罪）、⑷波逸提、⑸波羅提提舍尼、⑹惡作、⑺惡說。

（三）以四念處為住

根據《雜阿含經》卷二十四中記載，佛陀在舍衛國祇樹給孤獨園，告訴諸比丘出家住於靜處修行，攝受波羅提木叉律儀，對於細微罪也應心生謹慎怖畏，受持並學習戒律，離殺、斷殺、不樂殺生，乃至一切惡業，都應離開並斷除。學戒成就後，接著修四念處。其實，學戒的過程，就已經在修學四念處，因為持戒能讓言語行為謹慎小心，心念可專注聚焦，而生起正念。

如是出家已，住於靜處，攝受波羅提木叉律儀，行處具足，於細微罪生大怖畏，受持學戒，離殺、斷殺、不樂殺生，乃至一切業跡如前說，衣鉢隨身，如鳥兩翼。如是學戒成就，修四念處。

《中阿含經．因品》記載，佛陀在拘樓瘦，告訴諸比丘，有一修道清淨的眾生，超越憂畏，息滅苦惱，斷除啼哭，得到稱為「四念處」的正法。過去得證無所著、等正覺的諸佛如來，都是因對治五蓋（昏沉蓋、散亂蓋、貪欲蓋、瞋恚蓋、疑蓋）、心穢、慧羸等障礙，立心正住於四念處，並且修學七覺支（擇法覺支、精進覺支、喜覺支、除覺支、捨覺支、定覺支、念覺支），得到無上正盡的覺悟。佛陀自己也是立心正住於四念處，並修學七覺支，證得無上正等正覺。

爾時，世尊告諸比丘：有一道淨眾生，度憂畏，滅苦惱，斷啼哭，得正法，謂四念處。若有過去諸如來、無所著、等正覺，悉斷五蓋、心穢、慧羸，立心正住於四念處，修七覺支，得覺無上正盡之覺。

佛陀在經中對四念處的義理和修行，也做了十分詳盡的解釋。於「身念處」說明了出入息念、行住坐臥（四威儀）、十正知、十不淨、十四界分別、十墓地等。於「受念處」解釋苦、樂、不苦不樂等二十一種受。於「心念處」說明了觀察心念的八對十六種現象，包括貪無貪、瞋無瞋、癡無癡、集散、廣不廣大、更不更上、定不定、解脫不解脫。於「法念處」又說明就五蓋、五取蘊、六處、七覺支、四聖諦，如法觀察。最後以勉勵弟子精勤修行，得證解脫。茲將漢文《中阿含經．念處經》、《增壹阿含經．壹入道品》，以及巴利文《長部．大念處經》，對照如表十一。

《中阿含經．因品》中，佛陀詳細說明修學「四念處」的內容。訓練心念安住及覺知的對象，主要有四項，即身念處、受念處、心念處、法念處。由粗而細，由淺而深地訓練心念覺知的敏銳及深度。

眾生的煩惱執著起自四種顛倒，把不淨當作淨、把苦當成樂、把無常當

表十一：四念處經文對照

四念處	《中阿含經・念處經》	《增壹阿含經・壹入道品》	《長部・大念處經》
身念處	行住坐臥、正知、善法念、以心治心、出入息念、四禪喻、清淨心、光明想、觀相、不淨、六界分別、墓地	不淨、四界分別、諸孔漏出不淨、墓地等	出入息念、行住坐臥、不淨、正知、四界分別、墓地等
受念處	二十一種受	十二種受	九種受
心念處	十對二十心	十二對二十四心	八對十六心
法念處	六內處、五蓋、七覺支	七覺支、四禪	五蓋、五取蘊、六內外處、七覺支、四聖諦

成是常、把無我當作有我，要對治這四種顛倒，就要修四念處觀：身念處，觀身不淨；受念處，觀受是苦；心念處，觀心無常；法念處，觀法無我。佛陀將入涅槃時，告訴諸大眾，佛入滅後，應以戒為師、以四念處為住。持戒可以規範身、口、意不造作惡業，保持三業清淨，就能與「正念」相應，從

而增上「正定」及「正果智」。由此可知，「以戒為師」是聖道修行的根本，「以四念處為住」則是八正道的核心，此二者一體兩面、相輔相成。

二、增上定學十六勝行

（一）禪定的主要內涵

1.正定的涵義

在佛陀的時代，婆羅門教與六師外道大都追求深定與神通，而對禪定產生定愛的執著，或對神通產生法愛的執著，這些追求都是邪定。而正確的禪定則不執著於深定與神通，稱為正定。《雜阿含經．七八五經》記載，佛陀在舍衛國祇樹給孤獨園，告訴諸比丘正定有二種。第一種是「世俗正定」，凡夫執取貪著等闕漏，以轉向善趣為目標。這種就是世間外道的禪定，來世可投生善道或升天。第二種是「出世間正定」，聖人不執取貪著等闕漏，以轉向苦邊為目標。這種就是出世間佛道的禪定，不執著追求深定及神通，以禪定來伏煩惱，增上智慧來斷苦惱，徹底解決生死輪轉的痛苦。

正定有二種。有正定，世、俗，有漏、有取，轉向善趣；有正定，是聖、出世間，無漏、不取，正盡苦，轉向苦邊。

「世俗正定」以轉向善趣，來世投生善道或升天為目標。要達成這個目標，必須訓練心念可安住而不散亂，攝受身心能穩定不動，意識止寂專一，進入禪定三昧的狀態。這種世間外道的禪定，對於身心安穩與健康很好，但缺乏智慧引導，容易執著於追求深定及神通，造成精神的問題或障礙。

何等為正定世、俗，有漏、有取，轉向善趣？若心住不亂、不動、攝受、寂止、三昧、一心，是名正定世、俗，有漏、有取，轉向善趣。

「出世間正定」以轉向苦邊，徹底斷除生死痛苦為目標。要達成這個目標，必須深入思惟苦、集、滅、道等四聖諦，心念需與無漏的解脫正法相應，才能增長智慧來斷除煩惱與執著。要能靜下來思惟四聖諦，先要訓練心念可以安住而不散亂，意識止寂專一，進入禪定三昧的狀態。這種以智慧來引導禪定的修學，不會產生對於深定及神通的執著。藉由禪定來伏煩惱，增上智慧來斷苦惱，徹底解決生死痛苦的問題。

何等為正定是聖、出世間，無漏、不取，正盡苦，轉向苦邊？謂聖弟子苦苦思惟，集、滅、道道思惟，無漏思惟相應心法住，不亂、不散、攝受、寂止、三昧、一心，是名正定是聖、出世間，無漏、不取，正盡苦，轉向苦邊。

聖人所修學的「出世間正定」，是一種定慧等持的禪定三昧，以禪定來增上智慧，以智慧來祛除定愛，徹底斷除煩惱與執著。「世俗正定」雖是一種外道禪定，只能伏煩惱，無法斷煩惱，仍可以訓練心念安住而不散亂。攝受身心能夠穩定不動，也是禪定修學的共同基礎。

2.四禪與八定

佛道的「出世間正定」與外道的「世俗正定」，共通的禪定層次，共有八種，結合三界來看，有色界的「四禪定」與無色界的「四空定」，合稱為「四禪八定」。

《中阿含經．梵志品》中，佛陀在舍衛國勝林給孤獨園，告訴外道梵志，修學禪定必先斷除五蓋，並說明四種禪定的層次。「五蓋」會覆蓋善法，障礙禪定，包括昏沉蓋、散亂蓋、貪欲蓋、瞋恚蓋、疑蓋等五項。習禪之前，必須先加以對治，於諸善法，才無猶豫與疑惑。其中，昏沉蓋及散亂蓋，猶需優先予以斷除；昏沉與散亂會使身心無法安靜下來，嚴重障礙禪定。禪定是身心均達到穩定狀態，祛除了昏沉與散亂等不穩定因素，自然而然就可進入禪定的狀態。

佛陀還告訴外道梵志，佛道修學禪定的四種層次。第一種層次稱為「初禪」，斷除五蓋以及身心動亂等不善之法，覺照與觀察等認知分別力逐漸敏銳，即為「有覺有觀」。暫時離開眾生的煩惱，而產生較粗的喜悅與快樂即為「離生喜樂」。這種身心初步穩定的狀況，是佛道與外道可共同達到的層次。惟佛道的禪修，並不以此為終點目的，而是以禪定力，繼續增上智慧，再斷盡煩惱，證得究竟解脫。

彼斷此五蓋——心穢、慧羸，離欲、離惡不善之法，有覺、有觀，離生喜、樂，逮初禪成就遊。梵志！是謂如來所屈，如來所行，如來所服。然彼不以此為訖，世尊、如來、無所著、等正覺，世尊所說法善，如來弟子聖眾善趣。

第二種層次稱為「二禪」，覺照與觀察等認知分別力停止發展，心念集中注意力於所緣境，即為「無覺無觀」。這時的定境會產生較細的喜悅與快樂即為「定生喜樂」。這種身心初步穩定的層次，還不是佛道禪修的終點目的，而是以禪定力，繼續增上智慧。

彼覺觀已息，內靖、一心，無覺、無觀，定生喜、樂，逮第二禪成就遊。梵志！是謂如來所屈，如來所行，如來所服。然彼不以此為訖，世尊、如來、無所著、等正覺，世尊所說法善，如來弟子聖眾善趣。

第三種層次稱為「三禪」，感受上漸離心理上的喜悅，傾向生理上的輕安快樂，這時的定境會產生更細的樂受即為「離喜妙樂」。這種身心初步穩定的層次，仍不是佛道禪修的終點目的，而是以禪定力，繼續增上智慧。

彼離喜欲，捨無求遊，正念正智而身覺樂，謂聖所說、聖所捨、念、樂住、空，逮第三禪成就遊。梵志！是謂如來所屈，如來所行，如來所服。然彼不以此為訖，世尊、如來、無所著、等正覺，世尊所說法善，如來弟子聖眾善趣。

第四種層次稱為「四禪」，感受上漸離喜悅與快樂，同時也漸離憂愁及苦惱等感受，進入不苦不樂的捨受，這時的定境會產生最微細的感受即為「捨念清淨」。這種身心初步穩定的層次，也仍不是佛道禪修的終點目的，而是以禪定力，繼續增上智慧。再以智慧斷盡煩惱，最終證得究竟解脫。

彼樂滅、苦滅，喜、憂本已滅，不苦不樂、捨念、清淨，逮第四禪成就遊。梵志！是謂如來所屈，如來所行，如來所服。然彼不以此為訖，世尊、如來、無所著、等正覺，世尊所說法善，如來弟子聖眾善趣。

總體而言，四禪可以十八支來區別。以功德善法來支持禪定，故名為支。根據《阿毘達磨大毘婆沙論》卷八十的說明，四靜慮十八支包括：初禪五支（一尋、二伺、三喜、四樂、五心一境性）、二禪四支（一內等淨、二喜、三樂、四心一境性）、三禪五支（一行捨、二正念、三正慧、四受樂、五心一境性）、四禪四支（一不苦不樂受、二行捨清淨、三念清淨、四心一境性）。

四靜慮支總有十八。謂初靜慮有五支：一尋、二伺、三喜、四樂、五心一境性。第二靜慮有四支。一內等淨、二喜、三樂、四心一境性。第三靜慮有五支：一行捨、二正念、三正慧、四受樂、五心一境性。第四靜慮有四支：一不苦不樂受、二行捨清淨、三念清淨、四心一境性。

(1)初禪五支：尋支（覺照分別力）、伺支（觀察分別力）、喜支（心理上喜悅的感受）、樂支（身心快樂的感受）、一心支（心念意志專一）。

(2)二禪四支：訶棄初禪之覺觀而得二禪。此禪具四支，內淨支（內心對定境產生淨信）、喜支（較初禪為淡的喜悅）、樂支（較初禪為淡的快樂）、一心支（心念意志專一）。

(3)三禪五支：訶棄第二禪之喜受而得三禪。此禪具五支，行捨支（意志住於平靜）、念支（心念住於平等）、慧支（心識暫離煩惱）、樂支（身心輕安快樂）、一心支（心念意志專一）。

(4)四禪四支：訶棄三禪之樂受而得四禪。此禪具四支，不苦不樂支（無苦無樂的捨受）、捨支（意志住於平靜而無憂悔）、念支（心念平等，住於定境）、一心支（心念意志專一，寂然在定）。

四禪的禪支中，尋支與伺支係為一種覺觀與分別的能力。初禪仍運作覺觀的分別力，又可以細分為「有尋有伺三昧」及「無尋有伺三昧」，二禪以上則不再運作覺觀的分別力，稱為「無尋無伺三昧」。喜支、樂支、捨支是對於苦樂的感受能力；一心支是專注在定中的意志力。詳如表十二。

從禪支的分析來看，禪定的訓練有助提昇三種能力——分別力、感受力及意志力。

「四禪八定」係將色界的「四禪定」以及無色界的「四空定」，總合為八項。四空定也分為四個層次，包括：第一層為「空無邊處定」，這種定力來世可生無色界空無邊處。心念以空為無邊解，破一切色相，故名無邊。第二層為「識無邊處定」，定力可生無色界識無邊處。心念作識為無邊解，破第一空無邊能觀心相之禪定，故名識無邊。第三層為「無所有處定」，這種定力來世可生無色界無所有處。作所觀、能觀皆為無所有解之禪定，故名無

表十二：四禪的禪支分析

四種禪		初禪		二禪	三禪	四禪	
		離生喜樂		定生喜樂	離喜妙樂	捨念清淨	
禪支	尋	＋	－	－	－	－	分別力
	伺	＋	＋	－	－	－	
	喜	＋	＋	＋	－	－	感受力
	樂	＋	＋	＋	＋	－	
	捨	＋	＋	＋	＋	＋	
	一心	＋	＋	＋	＋	＋	意志力
三三昧		有尋有伺三昧	無尋有伺三昧	無尋無伺三昧			

所有。第四層為「非想非非想處定」，這種定力來世可生無色界有頂天，即非想非非想處，心念極為寂靜，心想雖有若無，故名非想非非想。佛道的禪修，較不強調修學「四空定」，仍以修學「四禪定」為主。因四禪定的定

境，心念不但穩定，也不會朝向意識無分別的方向發展，對於增上智慧所需的觀想有分別力，較為適當。

3. 禪修的業處

《雜阿含經》的〈七四一經〉至〈七四七經〉中記載，佛陀在舍衛國祇樹給孤獨園，告訴諸比丘，要得到禪定，可以修學不淨觀、隨死念、慈心觀、空入處想、識入處想、無所有入處想、非想非非想入處想、安那般那念，多多修習禪觀，可以得到大福利。另外，比丘多修習無常想、無常苦想、苦無我想、觀食想、一切世間不可樂想、盡想、斷想、無欲想、滅想、患想、不淨想、青瘀想、膿潰想、膖脹想、壞想、食不盡想、血想、分離想、骨想、空想等，也可以得到禪定的大利益。佛陀所提出的這些觀想，都是修學禪定的所緣境；除了可以訓練心念的專注力，還可以增長意識的觀照力，從禪定而增上智慧。

一時，佛住舍衛國祇樹給孤獨園。爾時，世尊告諸比丘：「當修不淨觀，……若比丘修習隨死念，……修習慈心，……修空入處，多修習已，得大果大福利。……如修空入處，如是識入處、無所有入處、非想非非想入處三經，亦如上說。……若比丘修習安那般那念，……修無常想，多修習已，得大果大福利。……如無常想，如是無常苦想、苦無我想、觀食想、一切世間不可樂想、盡想、斷想、無欲想、滅想、患想、不淨想、青瘀想、膿潰想、膖脹想、壞想、食不盡想、血想、分離想、骨想、空想，一一經如上說。」

《清淨道論》中，把各種修學禪定的所緣境，整理分為七類：十遍、十不淨、十隨念、四梵住、四無色、一想、一差別，共四十項，稱為「四十業處」。詳如表十三。

⑴十遍處：定觀地遍、水遍、火遍、風遍、青遍、黃遍、赤遍、白遍、識遍、虛空遍等所緣境，使其一一周遍於一切處，稱為「十遍處」。觀色之清淨，以地、水、火、風及青、黃、赤、白為所緣境，一一觀為無邊。再觀

表十三：禪修四十種業處

類別	項目
1. 十遍處	⑴地遍、⑵水遍、⑶火遍、⑷風遍、⑸青遍、⑹黃遍、⑺赤遍、⑻白遍、⑼識遍（光明遍）、⑽虛空遍
2. 十不淨觀	⑴膨脹相、⑵青瘀相、⑶膿爛相、⑷斷壞相、⑸食殘相、⑹散亂相、⑺斬斫離散相、⑻血塗相、⑼蟲聚相、⑽骸骨相
3. 十隨念	⑴佛隨念、⑵法隨念、⑶僧隨念、⑷戒隨念、⑸捨隨念、⑹天隨念、⑺死隨念、⑻身至念、⑼安般念、⑽寂止隨念
4. 四梵住	⑴慈、⑵悲、⑶喜、⑷捨
5. 四無色	⑴空無邊處、⑵識無邊處、⑶無所有處、⑷非想非非想處
6. 一想	食厭想
7. 一差別	四界差別

此所覺之色，依虛空而廣大；又思此能覺之識，依於意識而無邊。

⑵十不淨觀：定觀身死不淨之膨脹相、青瘀相、膿爛相、斷壞相、食殘

相、散亂相、斬斫離散相、血塗相、蟲聚相、骸骨相等，稱為「十不淨」。這種禪定觀想，可以用來對治貪欲。

(3)十隨念：心念專注於佛隨念、法隨念、僧隨念、戒隨念、捨隨念、天隨念、死隨念、身至念、安般念、寂止隨念等，做為禪觀的所緣境，進而增長智慧，稱為「十隨念」。

(4)四梵住：定觀慈、悲、喜、捨之四無量心，這四種無量心是生梵天之行業，稱為「四梵住」。梵行是清淨之行，以慈心、悲心、喜心、捨心為禪觀的所緣境，對治一切不善，得到心識清淨。

(5)四無色：定觀空無邊處、識無邊處、無所有處、非想非非想處等四種無色界的心境，以此「四無色」做為所緣境。觀空無邊處，厭患色籠如牢如獄，捨色想而入無邊之虛空心。再觀識無邊處，捨外在虛空而進入內在心識無邊。更觀無所有處，更厭其識而觀心識無所有。續觀非想非非想處，捨有想、無想的識處，進入非想非非想。

(6)一想：此一想就是食厭想，定觀對於食、飲、噉、味等類之段食，取厭逆之態度而起想為厭離想。可由十行相觀察厭逆：(1)由行乞、(2)由遍求、(3)由受用、(4)由分泌、(5)由止在、(6)由不消化、(7)由消化、(8)由果、(9)由排泄。以斷除對飲食的貪著。

(7)一差別：定觀地、水、火、風等界的差別，稱為「一差別」。禪觀色身中，堅性或固性是地界，結著性或流動性是水界，遍熟性或煖熱性是火界，支持性或浮動性是風界。以智慧來顧念、作意、觀察界之差別，以斷除對色身的貪著。

（二）修學止禪與觀禪

1.止觀雙運

禪修的各種業處，都是用來訓練內寂其心，以及如實觀察。令內心寂靜專注，稱為「奢摩他」，翻譯為「止禪」，是一種專注力的訓練；如實觀察五蘊苦受的集滅，稱為「毘鉢舍那」，翻譯為「觀禪」，是一種觀想力的訓練。奢摩他與毘鉢舍那同時達成，稱為「止觀雙運」，這是由禪定增長智慧的重要關鍵。《雜阿含經・六五經》中記載，佛陀在舍衛國祇樹給孤獨園，告訴諸位比丘，應當時常修習方便禪思，令內心寂靜專注，產生止禪的專注力。心靜下來以後，再如實觀察五蘊的集與滅，訓練觀禪的觀想力。

常當修習方便禪思，內寂其心。所以者何？比丘常當修習方便禪思，內寂其心，如實觀察。云何如實觀察？此是色、此是色集、此是色滅；此是受、想、行、識，此是識集、此是識滅。

佛陀告訴諸位比丘，如何以如實觀察五蘊諸受而滅苦，對於苦、樂、不苦不樂等感受，要詳細觀察受集、受滅。受集就是於受樂產生取著心，取著心產生實有存在感，存有的心識，而投生三界六道，於是進入老、病、死、憂、悲、惱、苦的惡性循環。純大苦聚都是從五蘊的集取而生，稱為色集，乃至受、想、行、識集。想要滅苦則需觀察受滅，細部過程則要觀想受味、受患、受離，體會苦、樂、不苦不樂等諸受，終究是煩惱苦果。苦的感受，會增加瞋恚的煩惱；樂的感受，會增加貪欲的煩惱；不苦不樂的感受，會增加愚癡的煩惱。所以，先要觀想受味，體會諸受最終會帶來苦的滋味；再觀想受患，體會諸受產生執著的過患；最後要觀想受離，體會諸受可以離得開，煩惱可以滅除。這樣的禪觀，可以滅除純大苦聚，稱為色滅，乃至受、想、行、識滅。

多聞聖弟子受諸苦、樂、不苦不樂受，如實觀察，受集、受滅、受味、受患、受離如實觀察故，於受樂著滅，著滅故取滅，取滅故有滅，有滅故生滅，生滅故老、病、死、憂、悲、惱、苦滅，如是純大苦聚皆悉得滅，是名色滅，受、想、行、識滅。

從佛陀的開示可以得知，在因地的過程中，要同時修學令內心寂靜專注的「止禪」，以及如實觀察五蘊集滅的「觀禪」，達到「止觀雙運」，就可以得到「定慧等持」的結果。從而生起空性智慧，斷除諸煩惱及執著，最終證得解脫。

2.三昧入聖道

《雜阿含經》卷十六中記載，佛陀在王舍城迦蘭陀竹園，告訴諸比丘，應當修習無量三摩提（三昧），修習專心正念（止禪），以及如實顯現（觀禪）。如實顯現就是以禪定止觀，深入觀察苦聖諦、苦集聖諦、苦滅聖諦、苦滅道跡聖諦，由禪觀增上智慧，對四聖諦理能徹底了解，空性智慧如實顯現。由此可知，佛陀所教導的八萬四千法門及至無量禪法，都是以入三摩提為目標，也就是達到「止觀雙運」，稱為無量三摩提；而其過程主要修學的內容，就是專心正念的「止禪」，以及如實顯現的「觀禪」。

當修無量三摩提，專心正念。所以者何？修無量三摩提，專心正念已。如是如實顯現。云何如實顯現？謂此苦聖諦如實顯現，苦集聖諦、苦滅聖諦、苦滅道跡聖諦如實顯現。

佛道禪修的兩個主要內容是「止禪」與「觀禪」，至於先修「止禪」，或是先修「觀禪」，才能達到止觀雙運、定慧等持的目標，則是因人而異。根據《阿毘達磨大毘婆沙論》卷五十四的看法，有兩種修行人，一種是隨信行，另一種是隨法行；隨法行人能夠自主思察教理而入聖道，隨信行人則相信他人教導才能入聖道。一般而言，隨信行人由止禪而入聖道，隨法行人由觀禪而入聖道。隨信行人樂修奢摩他（止禪），或同時樂修毘鉢舍那與奢摩他（並修止觀）；隨法行人則樂修毘鉢舍那（觀禪）。

> 或由止行而入聖道，或由觀行而入聖道。若由止行入聖道者名隨信行，若由觀行入聖道者名隨法行。復次或樂奢摩他，或樂毘鉢舍那樂奢摩他者名隨信行，樂毘鉢舍那名隨法行。

由止禪而入聖道的隨信行人，先修奢摩他（止禪）令身心專注穩定，仍需再修學毘鉢舍那（觀禪），增長空性智慧斷除煩惱執著，才能證入聖道。

這是一種先修止再修觀，進而入三摩提的禪修次第。由觀禪而入聖道的隨法行人，先修學毘鉢舍那（觀禪），也需要奢摩他（止禪）專注穩定的能力，才能以智慧斷除煩惱執著，而證入聖道。這是一種先修觀再修止，進而入三摩提的禪修次第。不論隨信行人或是隨法行人，先修止禪或先修觀禪，都必須達到「止觀雙運」，而入三摩提，再由「定慧等持」的空性智慧，斷除諸煩惱及執著，最終證入聖道。

（三）安般念十六勝行

「安般念」的全稱為「安那般那念」（ānāpāna-smṛti），「安那」（ānā）的意思是持來，通常指氣息進入身體，也就是吸氣；「般那」（apāna）的意思是持去，是指氣息離開身體，也就是吐氣。義譯為入出息念、入出息觀、數息觀等，是以觀察呼吸做為修習禪定的方法。《雜阿含經．八〇九經》中記載，佛陀在世時，毘舍離僧團比丘修習不淨觀，產生討厭自己色身的想法，造成修行者自殺、勸死、讚死等問題，甚至有一位鹿林梵志受邀殺死比丘，共殺了六十人。佛陀為了解決殺生的問題，召集僧團羯磨制定了不殺生戒，並教導沒有負面作用的安般念。以呼吸做為所緣境的安般念，不但沒有討厭色身的負面作用，又能夠快速成就四念處。安般念的修行步驟分為十六項，稱為「十六勝行」。

1. 五饒益法

修習安般念有五項前行準備，《雜阿含經・八〇一經》中，佛陀在舍衛國祇樹給孤獨園，告訴諸比丘，有五個方法可以饒益安那般那念的修學。一是住於淨戒，對於波羅提木叉律儀，能夠謹慎小心，威儀行處具足，於微細罪能生起怖畏，受持學戒，稱為「第一多所饒益修習安那般那念」。二是少欲少事，減少各種欲求，以及各種事務，才有時間用來修行，稱為「二法多所饒益修習安那般那念」。三是飲食知量，飲食要適當，避免貪求食欲，專勤思惟覺知，稱為「三法多所饒益修安那般那念」。四是不著睡眠，避免昏沉及貪著睡眠，精勤思惟覺知，稱為「四法多所饒益修安那般那念」。五是離諸憒鬧，找到安靜的修行處所，避免受干擾，稱為「五法多種饒益修習安那般那念」。

住於淨戒波羅提木叉律儀，威儀行處具足，於微細罪能生怖畏，受持學戒，是名第一多所饒益修習安那般那念。復次，比丘！少欲、少事、少務，是名二法多所饒益修習安那般那念。復次，比丘！飲食知量，多少得中，不為飲食起求欲想，精勤思惟，是名三法多所饒益修安那般那念。復次，比丘！初夜、後夜不著睡眠，精勤思惟，是名四法多所饒益修安那般那念。復次，比丘！空閑林中，離諸憒鬧，是名五法多種饒益修習安那般那念。

具足了安般念的五項前行準備，開始覺知入息及出息的修行，為了讓心念快速聚焦，《增壹阿含經．廣演品》提到「數息」的運用，可以讓心念清楚曉了。《阿毘曇毘婆沙論．智揵度》也建議修習安般念的行者，如果常常數息，就能夠進入初禪的狀態。《瑜伽師地論》卷二十七也提出勤修數息的具體方法，可以採取漸次數息，從一數到十。以十個氣息為一組來算數，覺知呼吸的整個過程，心念沒有散亂，進入已串修習的安定狀態。

> 如是勤修數息念者，乃至十十數以為一，漸次數之乃至滿十，由此以十為一算數。於其中間心無散亂，齊此名為已串修習。

在實務上，「數息」通常用在安般念的初始階段，覺知呼吸加上算數，可以讓心念快速聚焦。一呼一吸成為一息，從第一息數起，完成一組呼吸則數一，下一組呼吸則數二，乃至第十組呼吸完畢，再回頭從第一息數起，如是終而復始的循環。等到心念初步平靜後，就不需再加數數，改為「隨息」，只是專心注意呼吸之出入息，覺知息長，覺知息短，對於呼吸遠近長短的性相，能夠專注而清楚。有了基本的覺知能力後，接著再進入安般念「十六勝行」的修行步驟。

2. 十六勝行

《雜阿含經．八〇三經》中記載，佛陀在舍衛國祇樹給孤獨園，教導諸比丘修習安那般那念的步驟。首先要遠離五蓋煩惱對於心念的干擾，要在林中樹下或空露地，端身正坐繫念面前，遠離貪欲、瞋恚、睡眠、掉悔、疑惑等五蓋的障礙，將注意力放在入出息的所緣境上，做繫念及覺知的訓練。安般念的禪修，可以分為十六個步驟，所以稱為「十六勝行」。十六個步驟又可以配合身、受、心、法四念處，分為四個階段。

第一階段，配合「身念處」來覺知呼吸。

⑴覺知息長：呼吸較緩慢則為息長，練習覺知當下呼吸的狀態。

⑵覺知息短：呼吸較急促則為息短，練習覺知當下呼吸的狀態。

⑶覺知全身息：練習清楚地覺知呼吸的全部過程，包括吸氣入息及吐氣出息。

⑷覺知安息身行：安定而清楚覺知呼吸，沒有昏沉與散亂。

息長息短，覺知一切身入息，於一切身入息善學，覺知一切身出息，於一切身出息善學。覺知一切身行息入息，於一切身行息入息善學，覺知一切身行息出息，於一切身行息出息善學。

第二階段，配合「受念處」來覺知呼吸。

(5)覺知喜：身心逐漸進入穩定的狀態，覺知禪定的心理上的喜受。

(6)覺知樂：注意力仍放在呼吸上，同時覺知禪定的生理上的樂受。

(7)覺知心行：注意力仍放在呼吸上，同時覺知禪定的輕鬆安定。

(8)覺知安息心行：身心更為放鬆，同時覺知禪定的安穩捨受。

覺知喜，覺知樂，覺知心行，覺知心行息入息，於覺知心行息入息善學；覺知心行息出息，於覺知心行息出息善學。

第三階段，配合「心念處」來覺知呼吸。

(9)覺知心：注意力仍放在呼吸上，同時覺知當下的心念及情緒。

(10)令心喜悅：覺知當下的心念，並覺察喜悅的情緒。

(11)令心等持：覺知當下的心念，保持平等的情緒，即所謂的平常心。

(12)令心解脫：覺知當下的心念，讓煩惱不起作用，處於身心暫時解脫的狀態。

覺知心，覺知心悅，覺知心定，覺知心解脫入息，於覺知心解脫入息善學，覺知心解脫出息，於覺知心解脫出息善學。

第四階段，配合「法念處」來覺知呼吸。

(13)觀無常：注意力仍放在呼吸上，觀察換氣時的生滅無常的變化。

(14)觀離欲：對換氣時的無常變化，不執著也不掌控，觀想可以離欲的心態。

(15)觀滅：特別注意換氣時，因變化而消失消滅的現象，觀想接受改變及消滅。

⑯觀捨遣：在可以離欲並接受消滅的心態上，觀想一切都可以捨遣放下。

觀察無常，觀察斷，觀察無欲，觀察滅入息，於觀察滅入息善學；觀察滅出息，於觀察滅出息善學，是名修安那般那念，身止息、心止息，有覺有觀，寂滅、純一，明分想修習滿足。

這十六個步驟的修行，稱為修行「安那般那念」，身心可以穩定止息，覺觀能夠敏銳，止禪專注達到寂滅純一，觀禪修習達到明智滿足。自古以來，南北傳佛教都十分重視安般念的修習，若將南傳佛教《清淨道論》及漢傳佛教《釋禪波羅蜜》的「十六勝行」加以對照，兩種傳承的修習步驟大同小異。其中，《釋禪波羅蜜》將身念處四步驟分為五項，合併覺知息長與息短，將息入及息出分列；受念處與心念處均簡化為三步驟；法念處之「觀離欲」，細分出「觀出散」，是先出後離的步驟，共有五項。詳如表十四。

表十四：南北傳佛教十六勝行對照

四念處	南傳佛教《清淨道論》	漢傳佛教《釋禪波羅蜜》	天台止觀階段	六妙法門
身念處	1. 覺知息長 2. 覺知息短 3. 覺知全身息 4. 覺知安息身行	1. 知息入 2. 知息出 3. 知身長短 4. 知息遍身 5. 除諸身行	對治粗心	數
			對治沉浮	隨
受念處	5. 覺知喜 6. 覺知樂 7. 覺知心行 8. 覺知安息心行	6. 受喜 7. 受樂 8. 受諸心行	隨便宜修	止
心念處	9. 覺知心 10. 令心喜悅 11. 令心等持 12. 令心解脫	9. 心作喜 10. 心作攝 11. 心作解脫	對治細心	觀

法念處	13. 觀無常 14. 觀離欲 15. 觀滅 16. 觀捨遺	12. 觀無常 13. 觀出散 14. 觀離欲 15. 觀滅 16. 觀捨遺	定慧等持	還	淨

「十六勝行」的修學步驟，對照到天台止觀及六妙法門來分類，身念處的階段目標，要以數息對治粗心，讓心念能夠初步穩定；繼續以隨息對治沉浮，逐漸祛除昏沉與散亂。受念處的階段目標，要運用止禪的專注力，達到隨便宜修，也就是心念能善巧適宜地進入禪定狀態。心念處的階段目標，要運用觀禪的觀照力，來對治細心，覺知禪定的喜樂輕安，卻不執著於禪定。法念處的階段目標，則要觀想無常與離欲，來轉還執著的心態；再觀想消滅與捨遺，達到淨化心念、看破放下的效果。初學的行者，最好依「十六勝行」的次第步驟來修習安般念，即所謂「漸次止觀」。而久學的行者，則不需拘泥於次第步驟，直接練習止觀雙運，以安般念達到定慧等持，即所謂

「圓頓止觀」。

三、增上慧學十六觀智

要從生死解脫出來，必須以智慧力斷除貪、瞋、癡等根本煩惱；而智慧力則是靠禪定力增上而來的。也就是說，身心要安穩有定力，才能運用思考，發揮智慧。修行增上慧學，首先要了解智慧的涵義，以出世間的正見，做為修學的正確方向，避免落入邪見或是世間正見，才能得到三明（宿命明、天眼明及漏盡明）的智慧，斷除無明煩惱，從世間的生死輪轉解脫出來。

在修學的實務上，延續前一個步驟增上定學的觀禪（毘鉢舍那），可選用六類慧學的基本法門——陰法門、處法門、界法門、根法門、諦法門、緣起法門等，做為禪觀的對象。並以佛陀在《阿含經》開示的「七清淨」（戒淨、心淨、見淨、疑蓋淨、道非道知見淨、道跡知見淨、道跡斷智淨），做為修行增上慧學的七個步驟，主要是戒淨、心淨與智慧清淨三個部分，就是戒、定、慧三增上學，或稱三無漏學；慧學的觀想再細分為十六個步驟，則稱為「十六觀智」。

（一）智慧的主要涵義

1. 智慧的區分

和禪定的修學一樣，見解觀念也有正邪之分，就是正見與邪見。在佛陀的時代，婆羅門教與六師外道大都有著錯誤的觀念和見解，也就是《長阿含經》所詳細分析的六十二種邪見，可以簡化分為「常見」與「斷見」等二類。反之，沒有恆常及斷滅二種錯誤知見，稱之為「正見」。正確知見的學習，就是增上慧學，可以滅苦得解脫。佛陀在《雜阿含經》卷二十八，告訴諸比丘，正見有二種。第一種是「世間正見」，凡夫的世間知見，以轉生善趣為目標。這種就是世間的知見，來世可以投生善道或升天。第二種是「出世間正見」，聖人思惟苦、集、滅、道四聖諦，能夠選擇正確的修行方法，開啟覺性與智慧，以斷苦滅苦為目標。這種就是出世間的智慧，可以斷除一切憂悲苦惱，徹底解決生死輪轉的痛苦。

爾時，世尊告諸比丘……何等為正見？謂正見有二種，有正見，是世、俗，有漏、有取，轉向善趣；有正見，是聖、出世間，無漏、無取，正盡苦，轉向苦邊。何等為正見有漏、有取，向於善趣？若彼見有施、有說，乃至知世間有阿羅漢，不受後有，是名世間正見，世、俗，有漏、有取，向於善趣。何等為正見是聖、出世間，無漏、不取，正盡苦，轉向苦邊？謂聖弟子苦苦思惟，集、滅、道道思惟，無漏思惟相應，於法選擇，分別推求，覺知黠慧，開覺觀察，是名正見是聖、出世間，無漏、不取，正盡苦，轉向苦邊。

2.智慧的內涵

佛陀在《中阿含經》卷五十八，與拘絺羅尊者對答中，明確地指出，佛教的增上慧學，主要在學習如實了知苦諦，了解世間雖有樂受，其實一切皆為苦本。還要學習如實了知滅諦，了解憂苦是可以滅除，徹底滅苦後，可以得到究竟的快樂。想要滅除憂苦，就要如實了知道諦，了解如何修學八正道。對於苦、集、滅、道四聖諦，能夠如實地了解，確實地修學，這才是學習出世間智慧的重要內涵。

> 復問曰：「賢者拘絺羅！智慧者說智慧，何者智慧？」尊者大拘絺羅答曰：「知如是故說智慧。知何等耶？知此苦如真，知此苦習、知此苦滅、知此苦滅道如真，知如是故說智慧。」

《雜阿含經》卷四也記載，佛陀向弟子說明什麼是智慧具足？就是對於苦、集、滅、道四聖諦，能夠如實地了知。四聖諦的學習不分在家居士或出家比丘，能夠修行這四法，後世都可以得到安樂。

云何為慧具足？謂善男子苦聖諦如實知，習、滅、道聖諦如實知，是名善男子慧具足。若善男子在家行此四法者，能得後世安、後世樂。

另外，佛陀在《長阿含經》卷十五中，以三明來說明增上慧學的修行成果。比丘如果以三昧（止觀雙運）的清淨禪定，調伏並對治煩惱，就可以得到三明智慧，其中的漏盡明用以除去無明煩惱，滅盡生死闇冥，生起涅槃法光。根據《大毘婆沙論》對三明的註解，「宿命明」是了知自己或他人過去世一切相狀的智慧，與世俗執著的宿命通不同，宿命明見過去事而生厭離。「天眼明」是了知自己或他人未來世一切相狀的智慧，與世俗執著的天眼通不同，天眼明見未來事而生厭離。「漏盡明」是如實了知並證得四諦之理，滅除一切煩惱執著的智慧，此明只有四果（阿羅漢果）方可證得，前二明初果（須陀洹果）以上可以證得。此三明皆有能厭捨生死、趣向畢竟涅槃的勝用，與容易造成法愛執著的神通不同，有通達無礙的神通智慧，又稱為「三達智」。

佛言：「若比丘以三昧心清淨無穢，柔軟調伏，住不動處，——乃至得三明，除去無明，生於慧明，滅於闇冥，生大法光，出漏盡智。」

（二）增上智慧的修學

增上慧學的滋養與成長，猶如種植菩提樹一樣，要種在土地上做為基礎；佛陀在《雜阿含經》介紹觀察陰、處、界、根、諦、緣起等各種法門，都是慧學的重要基礎，稱為「慧地」。還要有樹根，才能吸收土地裡的養分；「七清淨」中的戒淨及心淨，是增上慧學的根底，稱為「慧根」。樹木有了土地做基礎，根系吸收養分，開始發芽滋長，樹木的主體持續地成長茁壯；七清淨中的見淨、疑蓋淨、道非道知見淨、道跡知見淨、道跡斷智淨等五項智慧的觀修，是增上慧學的主體稱為「慧體」。

1. 慧學的基礎

佛教增上慧學的基礎，稱為「慧地」，主要有：陰法門、處法門、界法門、根法門、諦法門、緣起法門等六類。可以選取這六類法門的一種或多種做為觀修的對象，去觀察無常的現象，體會生滅無常的苦迫，生起無我的空性智慧。

⑴陰法門：佛陀在《雜阿含經．二七〇經》教導諸比丘，在空露地、或林樹間善正思惟，以自身的五蘊（色、受、想、行、識）身心狀態，做為觀修的對象，去觀察無常，體會苦迫，生起無我想，能斷除一切欲愛、色愛、無色愛、掉舉、高慢、無明，最終順得涅槃。

諸比丘！云何修無常想，修習多修習，能斷一切欲愛、色愛、無色愛、掉、慢、無明？若比丘於空露地、若林樹間，善正思惟，觀察色無常，受、想、行、識無常。如是思惟，斷一切欲愛、色愛、無色愛、掉、慢、無明。所以者何？無常想者，能建立無我想，聖弟子住無我想，心離我慢，順得涅槃。

⑵處法門：《雜阿含經．二八一經》中記載，佛陀教導縈髮目揵連，多修習六觸入處律儀的方法，滿足三妙行。第一種妙行是不貪，眼根看見適意、可愛的色塵，練習不貪著。第二種妙行是不瞋，眼根看見不適意、不可愛的色塵，練習不瞋恚。第三種妙行是不癡，眼根看見色塵時，永不攀緣，內心安住不動，善修解脫，心不懈倦。眼、耳、鼻、舌、身、意內六處，接觸到色、聲、香、味、觸、法，也是一樣練習不貪、不瞋、不癡等三妙行，也就是在練習無我想。練習處法門的三妙行以後，可以進一步修學四念處，再修學七覺分，最終可以得到三明智慧、證得清淨解脫。

佛告（縈髮）目揵連：『有六觸入處律儀，修習多修習，令三妙行滿足。……若眼見適意、可愛念、能長養欲樂、令人緣著之色，彼比丘見已，不喜、不讚歎、不緣、不著、不住；若眼見不適意、不可愛念、順於苦覺之色，諸比丘見已，不畏、不惡、不嫌、不恚。於彼好色，起眼見已，永不緣著；不好色，起眼見已，永不緣著；內心安住不動，善修解脫，心不懈倦。耳、鼻、舌、身、意識法亦復如是。如是於六觸入修習多修習，滿足三妙行。……修習三妙行已，得四念處清淨滿足。……修習四念處，七覺分滿足。……修習七覺分已，明、解脫清淨滿足。

(3)界法門：佛陀在《雜阿含經．四五八經》告訴諸比丘，眼、耳、鼻、舌、身、意等六根，接觸到色、聲、香、味、觸、法等六塵，會生起眼識、耳識、鼻識、舌識、身識、意識等六種意識，合起來為十八界。六根、六塵接觸會產生六識，凡夫常常會生起三處邪，就是身、口、心起貪、瞋、癡等煩惱，現世受苦而命終生惡趣，這種有害的意識作用，稱為「害界」。要出離苦得解脫，必須修學三處正，就是身、口、心不起貪、瞋、癡等煩惱，那麼現世受樂而命終生善趣，這種有益的意識作用，稱為「不害界」。由此可知，界法門的修行就是把意識作用的害界，轉化為不害界，不起煩惱執著。

爾時，世尊告諸比丘：「有因生欲想，非無因；有因生恚想、害想，非無因。云何因生欲想？謂緣欲界也；緣欲界故，生欲想、欲欲、欲覺、欲熱、欲求。愚癡凡夫起欲求已，此眾生起三處邪，謂身、口、心；如是邪因緣故，現法苦住，有苦、有礙、有惱、有熱，身壞命終，生惡趣中；是名因緣生欲想。云何因緣生恚想、害想？謂害界也。……眾生三處生正，謂身、口、心。彼如是生正因緣已，現法樂住，不苦、不礙、不惱、不熱，身壞命終，生善趣中；是名因緣生出要想。云何因緣生不恚、不害想？謂不害界也……。」

(4)根法門：《雜阿含經．六四四經》記載，佛陀在舍衛國祇樹給孤獨園，告訴諸比丘有五根法門，若能如實觀察信根、精進根、念根、定根、慧根，可以斷除身見、戒取、疑等三結，證須陀洹果，七次往返人天，最終究竟苦邊，解脫不受後有。

如是我聞：一時，佛住舍衛國祇樹給孤獨園。爾時，世尊告諸比丘：

「有五根。何等為五？謂信根、精進根、念根、定根、慧根。若比丘於此五根如實善觀察，如實善觀察者，於三結斷知，謂身見、戒取、疑，是名須陀洹，不墮惡趣法，決定正向於正覺，七有天人往生，究竟苦邊。」

另外，《雜阿含經．六四六經》中，佛陀告訴諸比丘，信根的修學成果可以得四不壞淨（對於佛、法、僧、戒有堅固不壞的信心）；精進根就是修學四正斷（已生惡令斷、未生惡不生、已生善增長、未生善令生）；念根就是修學四念處（身、受、心、法四念處）；定根就是修學四禪（初、二、三、四禪）；慧根就是修學四聖諦（苦、集、滅、道四聖諦）。修行五根法門，最終可滅苦得樂。

如是我聞：一時，佛住舍衛國祇樹給孤獨園。爾時，世尊告諸比丘：「有五根。何等為五？謂信根、精進根、念根、定根、慧根。信根者，當知是四不壞淨；精進根者，當知是四正斷；念根者，當知是四念處；定根者，當知是四禪；慧根者，當知是四聖諦。」

(5)諦法門：佛陀在《雜阿含經．四一九經》告訴諸比丘，若對於佛、法、僧有疑惑不信，就會對苦、集、滅、道四聖諦產生疑惑。若對於佛、法、僧有信心不疑惑，就會對苦、集、滅、道四聖諦不疑惑，而產生信心。由此可知，諦法門的修學，要生起不壞信（堅固不壞的淨信），就可以開悟見道，證須陀洹果（初果），最後證得阿羅漢果（四果），入涅槃得解脫。

爾時，世尊告諸比丘：「若比丘於佛有疑者，則於苦聖諦有疑，苦集聖諦、苦滅聖諦、苦滅道跡聖諦則有疑惑；若於法、僧有疑者，則於苦聖諦疑惑，苦集聖諦、苦滅聖諦、苦滅道跡聖諦疑惑。若於佛不疑惑者，則於苦聖諦不疑惑，苦集聖諦、苦滅聖諦、苦滅道跡聖諦不疑惑；若於法、僧不疑惑者，則於苦聖諦不疑惑，苦集聖諦、苦滅聖諦、苦滅道跡聖諦不疑惑。」

⑹緣起法門：《雜阿含經．三四七經》記載，佛陀提問想盜法的須深外道：「生就有老死，不斷離生會有老死嗎？」並且告訴須深，從緣起法門來看，生、有、取、愛、受、觸、六入處、名色、識、行、無明等十二因緣，若不斷離生，就會生死輪轉。若能先懂得這個道理，可以建立正確知見，得證法住智（見道位的智慧），見道證初果（須陀洹果）。佛陀再提問須深：「無生就沒有老死，不斷離生滅，老死會滅嗎？」並且告訴須深，同樣從緣起法門來看，要斷離生滅，才沒有老死。要想還滅生死，就要修學解脫道，最後得證涅槃智（無學位的智慧），證四果（阿羅漢果），了生死入涅槃。修行的過程，是先知法住，後知涅槃；專精思惟不放逸，離我見執著，不起煩惱，最終證得解脫。

佛告須深：「我今問汝，隨意答我。須深！於意云何？有生故有老死，不離生有老死耶？」須深答曰：「如是，世尊！有生故有老死，不離生有老死。」如是，生、有、取、愛、受、觸、六入處、名色、識、行、無明。「有無明故有行，不離無明而有行耶？」須深白佛：「如是，世尊！有無明故有行，不離無明而有行。」佛告須深：「無生故無老死，不離生滅而老死滅耶？」須深白佛言：「如是，世尊，無生故無老死，不離生滅而老死滅。」如是，……佛告須深：「是名先知法住，後知涅槃。彼諸善男子獨一靜處，專精思惟，不放逸住，離於我見，不起諸漏，心善解脫。」

2.慧根與慧體

《中阿含經・七法品》將戒、定、慧三學增上的修道過程，以「七車」來做比喻；如果想要在一天內，從舍衛城到婆雞帝，就必須準備七部車，分七個階段，輾轉接力才能到達。這七個階段，即是「七清淨」：⑴戒淨、⑵心淨、⑶見淨、⑷疑蓋淨、⑸道非道知見淨、⑹道跡知見淨、⑺道跡斷智淨。第一項的戒淨及第二項的心淨，就是增上戒學及增上定學，是慧學的根本——慧根。其餘的五項，則是增上慧學的本體——慧體。這七項清淨，是佛陀開示施設證入無餘涅槃的修道次第。

賢者！但以戒淨故，得心淨，以心淨故，得見淨，以見淨故，得疑蓋淨，以疑蓋淨故，得道非道知見淨，以道非道知見淨故，得道跡知見淨，以道跡知見淨故，得道跡斷智淨，以道跡斷智淨故，世尊沙門瞿曇施設無餘涅槃也。

根據《成實論》的解釋，戒淨就是持戒清淨，心淨就是得禪定。見淨，要能斷身見結。度疑淨，要能斷疑結。道非道知見淨，要斷戒取結。道跡知見淨，要思惟修道。道跡斷智淨，要證得無學道。如果從證初果的條件：斷身見結、戒取結、疑結等三結來看，「道非道知見淨」可以證入初果；而「道跡斷智淨」則是證得無學道的四果。若根據《瑜伽師地論‧攝事分》解釋；戒淨，要安住具足戒律。持戒便能無悔，漸次進入四種禪定。心淨，是心得正定。獲得定心漸次質直調柔，才能逐漸發揮智慧。見淨，對於四聖諦要能證入現觀，獲得無漏有學正見。得正見就能對一切苦、集、滅、道，及佛、法、僧永斷疑惑。疑蓋淨，是對三寶無疑，生起堅固的信心。有了正見及信心，可以如實了知什麼是正道、什麼是邪道。道非道知見淨，是遠離邪道，而能遊於正道。正道的修行，有四種止、觀的行跡，稱為「四通行」：⑴苦遲通、⑵苦速通、⑶樂遲通、⑷樂速通，就是道跡知見淨。

「四通行」的第一項及第二項稱為「苦通行」，依止於無色定，止、觀不均，轉增艱苦。於苦通行中，有隨信行根機鈍劣之人，於所觀之境，通達遲緩，稱為苦遲通。有隨法行根機優利之人，於所觀之境，通達速疾，稱為苦速通。第三項及第四項稱為「樂通行」，依止於四根本定，止、觀均衡，任運容易。於樂通行中，有隨信行根機鈍劣之人，通達作證較為遲緩，稱為樂遲通。有隨法行根機優利之人，通達作證較為速疾，稱為樂速通。道跡斷智淨，依樂速通，正勤修行。可以斷盡諸漏，證得無餘涅槃。

另外，根據《顯揚聖教論．攝事品》的解釋，「戒淨」要能善住尸羅及善守護別解脫戒，如法威儀，行處具足。「心淨」依戒淨，遠離不善法，具足初靜慮，第二、第三、第四靜慮。「見淨」要觀察諸諦，如實了知此苦聖諦，此苦集聖諦，此苦滅聖諦，此趣苦滅道跡聖諦。「疑蓋淨」依見淨，於佛、法、僧無惑無疑。「道非道知見淨」依疑蓋淨得妙智見，了知唯佛所說、僧所行道能得出離，能盡苦及證苦邊，若諸外道所說之道不能盡苦及證苦邊。「道跡知見淨」知出離道有下、中、上，下者，苦遲通行所攝；中者，苦速通行、樂遲通行所攝；上者，樂速通行所攝。「道跡斷智淨」應斷下、中之行，及時發起上妙聖行。上述三論解說比較對照，詳如表十五。

《長阿含經》卷九在七清淨基礎上，再擴增「無欲淨」與「解脫淨」兩項，成為「九種清淨」，稱為「九成法」。其中，「分別淨滅枝」的「分別」，顯然等同「道非道」，「道淨滅枝」的「道」是「道跡」的另譯，「除淨滅枝」的「除」等同「道跡斷」，而「無欲淨」與「解脫淨」，則是額外擴增的兩項。

表十五：七清淨的解說對照

《阿含經》	《成實論》	《瑜伽師地論》	《顯揚聖教論》
1.戒淨	持戒律	安住戒律	善住尸羅
2.心淨	得禪定	心得正定	靜慮具足住
3.見淨	斷身見	現觀四諦	如實知四諦
4.疑蓋淨	斷疑結	對三寶無疑	對三寶無疑
5.道非道知見淨	斷戒取	離非道遊正道	唯佛道能出離
6.道跡知見淨	思惟道	四通行	四通行
7.道跡斷智淨	無學道	唯行樂速通	唯行樂速通

從戒、定、慧三學來看七清淨，戒清淨是增上戒學，心清淨是增上定學；「見清淨」至「道跡知見淨」是增上慧學的開展，「道跡斷智淨」是能達解脫目標的「慧」成就。增加「無欲淨」與「解脫淨」，從修學次第來看顯得多餘，可能在《長阿含經》集成時代認為「道跡斷智淨」或「智見清

淨」仍未圓滿，所以增入兩項。

（三）安般念十六觀智

1. 十六觀智

七清淨之中，第一項的「戒淨」就是增上戒學；第二項的「心淨」就是增上定學。第三項的「見淨」到第七項的「智見清淨」，就是增上慧學；《清淨道論》將其分為「十六觀智」，亦即觀慧發展的十六個階段。

「十六觀智」的前三個階段，⑴至⑶等三項，先要建立正見，再斷除懷疑不信，能夠抉擇何為邪道、何為正道，才能繼續進入修道的觀智。

⑴名色分別智：即「見淨」的解說，以區別名（心理）色（生理）為主，觀察五蘊、十二處、十八界等身心作用，均為無常的組合體，理解並體會無我，暫斷有身見。

⑵緣攝受智：即「疑蓋淨」的解說，順觀、逆觀十二因緣，觀察業果輪轉並非實有，斷除邪見、邪戒及對三世之疑結，體驗法住智，證入須陀

洹果。

(3)思惟智：即「道非道知見清淨」的解說，思惟諸行（蘊、處、界）的無常、苦、無我之三相。並平衡地修學三十七道品，知所抉擇何為邪道何為正道，暫斷我、我所見。

對於「道跡知見清淨」的觀察，以九種觀智在行道上遠離一切煩惱，進而以第九的隨順智，隨順於菩提分法。共分為以下(4)至(12)等九項：

(4)生滅隨觀智：對於無常、苦、無我之三相的觀察，繼續用功則愈能徹見諸法的生滅相。持續觀照五蘊的生滅，不被相續的假相所覆蓋，可以現起無常相。觀照十二處的生滅，注意到苦相的現起。觀照種種的界差別，不為實有的錯覺所覆蓋，可以現起無我相。此瑜伽行者解脫一切隨染，由如實自性而觀察。不執著禪相、神通相，不生起定愛、法愛。

(5)壞滅隨觀智：壞滅是無常性之究極點，觀察諸行唯是滅盡、衰滅、破壞，修壞滅隨觀智；覺知諸行之壞滅，凡見色、聞聲、遇人、知曉皆僅見其壞滅相，對於無常、苦及無我之悟境因而增強。

⑹怖畏現起智：觀察過去的諸行已滅，現在的諸行正滅，未來的諸行也將如是滅去。作意無常，以見唯諸行壞滅。作意苦與思慮轉起，以見唯數數逼惱，現起怖畏之轉起。對於諸行的正在壞去起大怖畏；體悟壞滅隨觀智愈趨成熟，恆見諸法頓滅之餘，生起怖畏感，不再貪求及執著。

⑺過患隨觀智：觀察此色心諸法，皆頓歸壞滅，是可嫌可厭之法，毫不可愛，皆是苦受的過患。看到一切處所都充滿危險，沒有避難處，不再貪著色心諸法。

⑻厭隨觀智：此色心諸法頓歸壞滅，足見其不實、無樂，虛偽可厭。怖畏現起智是見一切諸行的怖畏，過患隨觀智是見諸行生起過患，厭隨觀智是對諸行起厭離。

⑼欲解脫智：厭隨觀智增強，覺知諸色心法皆苦，頓生棄捨此色心所成貪愛之念。不再執著世間，唯願解脫出離一切行。

⑽審察隨觀智：以審察隨觀智持續把握三相。審察一切諸行是無常的、暫時的、壞滅的；屢屢逼迫，令人苦惱，是苦根、苦果，是過患、是險難，

唯只是苦；不可愛的、可厭的、醜陋的、充滿不淨的；不自主、不自由，沒有我可主宰。

(11)行捨智：持續用功，觀智昇高，不執取色心諸法，成就捨離諸行的智慧。由行捨智而生起三解脫門；隨觀無常而生起無相解脫門，隨觀苦而生起無願解脫門，隨觀無我而生起空解脫門。

(12)隨順智：行捨智漸趨成熟時，禪觀的力量加強，不費微力就生起隨順於菩提分法的智慧。

對於「智見清淨」的證果層次，分為以下四個階段：

(13)種姓智：生起入聖賢種性的預流智慧，傾向於身心諸行的止息。

(14)道智：分為須陀洹道智、斯陀含道智、阿那含道智和阿羅漢道智。

(15)果智：分為須陀洹果智、斯陀含果智、阿那含果智和阿羅漢果智。

(16)省察智：返觀成就道智時，身心諸行寂滅為覺觀涅槃之「返照智」。

2.解脫證果的過程

解脫證果始於行捨智，經隨順智、種姓智的過程，悟入道智，證果智，行返照智，這是解脫證果的過程。詳如表十六。

表十六：七清淨與十六觀智對照

三學	七清淨	十六觀智
增上戒學	1.戒淨	四遍淨戒
增上定學	2.心淨	十六勝行
增上慧學	3.見淨	1.名色分別智
	4.疑蓋淨	2.緣攝受智（法住智）
	5.道非道知見淨	3.思惟智（無常、苦、無我思惟智）
		4.生滅隨觀智
		5.壞滅隨觀智
		6.怖畏現起智
	6.道跡知見淨（行道智見清淨）	7.過患隨觀智
		8.厭隨觀智
		9.欲解脫智

		10. 審察隨觀智 11. 行捨智 12. 隨順智
	7. 道跡斷智淨 （智見清淨）	13. 種姓智 14. 道智 15. 果智 16. 省察智（返照智）

上述道智及果智，首先出現在初果的須陀洹道智、果智。成就初步的道及果，得免生惡道，七次往返人天。七返之中，繼續修行禪觀，直到成就阿羅漢道智及阿羅漢果智，斷諸煩惱，體入涅槃。

聖道的修學次第，每個步驟環環相扣，循序增上，才能達成每階段的修道成果。聖道修從見道進入正式的修道，先學習「增上戒學」，就是「戒淨」；清淨身、口、意三業，對言行能小心謹慎，生起正念；有了正念的能力，再學習「增上定學」，即是「心淨」；藉由止禪專注及觀禪觀想，讓身心逐漸穩定，得到正定；有了正定的能力，再學習「增上慧學」，包括「見淨」、「疑蓋淨」、「道非道知見淨」、「道跡知見淨」；觀照無常、無我，體證空性智慧，發揮正道智。以智慧力斷除貪、瞋、癡根本煩惱，就是「道跡斷智淨」，滅苦而得解脫。最終，修學圓滿畢業，成就無學位，證入阿羅漢果，並證得阿羅漢的解脫知見。

智慧人 60

老實生活——阿含經的幸福之道

Living Truthfully:
The Path to Happiness According to the Āgama Sutras

著者	釋法源
出版	法鼓文化
總監	釋果賢
總編輯	陳重光
編輯	張晴、齊秀玲
封面設計	和悅創意設計
內頁美編	小工
地址	臺北市北投區公館路186號5樓
電話	(02)2893-4646
傳真	(02)2896-0731
網址	http://www.ddc.com.tw
E-mail	market@ddc.com.tw
讀者服務專線	(02)2896-1600
初版一刷	2025年5月
建議售價	新臺幣250元
郵撥帳號	50013371
戶名	財團法人法鼓山文教基金會—法鼓文化
北美經銷處	紐約東初禪寺 Chan Meditation Center (New York, USA) Tel: (718)592-6593 E-mail: chancenter@gmail.com

法鼓文化

國家圖書館出版品預行編目資料

老實生活：阿含經的幸福之道 / 釋法源著. -- 初版. -- 臺北市：法鼓文化, 2025.05
面； 公分
ISBN 978-626-7345-71-9 (平裝)

1. CST: 阿含部

221.8 114003260